MASTERPIECES
of
URDU POETRY

Urdu—English

گلِ ہفت رنگ

Compiled by
AMAR DEHLVI

Other collections of

URDU POETRY

Original text in Urdu, Hindi, Roman

- ★ **With English poetic translation :**
- ★ **Selected poems of ALLAMA IQBAL**
- ★ **Selected Poetry of BAHADUR SHAH 'ZAFAR'**
- ★ **Selections from DIWAN-E-GHALIB**
- ★ **Selected poems of FAIZ AHMAD 'FAIZ'**
- ★ **Selected poetry of QATEEL SHIFAI**
- ★ **Selected poems of SAHIR LUDHIANVI**
- ★ **Selections from SHAKEEL BADAUNI**
- ★ **Selections from TEN WOMEN URDU POETS**

All these collections include text in Urdu, roman, Hindi and poetical translation in English.

STAR PUBLICATIONS PVT. LTD.
New Delhi-110002

MASTERPIECES
of
URDU POETRY

Urdu—English

Selected poems of 7 eminent Urdu Poets:

GHALIB - IQBAL - ZAFAR - SAHIR
JOSH - QATEEL - AHMAD FARAZ

گُلِ ہفت رنگ

اُردو کے سات (۷) عظیم شعراء کا منتخب کلام

غالب ۔ اقبال ۔ ظفر ۔ ساحر
جوش ۔ قتیل ۔ احمد فراز

Compiled by
AMAR DEHLVI

ISBN : 97881-7650-430-0

Published by :

Star Publications Pvt. Ltd.

4/5 B, Asaf Ali Road,
New Delhi-110002 (India)
E-mail : starpub@satyam.net.in
Website : www.starpublic.com

First Edition : 2009

Price in India : Rs. 395/-
Price in U.K. : £ 15.95

Distributed by :

Indian Book Shelf

55, Warren Street, LONDON W1T 5NW
E-mail : indbooks@aol.com

ACKNOWLEDGEMENT

The compiler expresses gratitude to Khwaja Tariq Mahmood for the English translation of all the poems included in this collection. Thanks are also to Mr. S.A. Rahman for his cooperation and help in bringing this collection in print.

Phototypesetted by Wasi Prints, New Delhi
Printed at : Star Print-o-Bind, New Delhi-110020

This Collection of

URDU POETRY

Urdu poetry is popular among all sections of Indian & Pakistani readers and listeners, and RAINBOW includes most popular poems of eminent poets like **Ghalib, Iqbal, Josh, Zafar, Ahmed Faraz, Sahir** and **Qateel** with their lyrical translation into English, and brief biographical sketch about the poet.

اردو شاعری نہ صرف اردو بلکہ دوسری کئی زبانوں کے قارئین اور سامعین میں یکساں مقبول ہے۔ اور اس مجموعہ میں غالبؔ، اقبالؔ، جوشؔ، احمد فرازؔ، ساحرؔ اور قتیلؔ کے مختصر تعارف اور ان کی چنندہ نظموں و غزلوں کو انگریزی میں منظوم ترجمہ کے ساتھ پیش کیا جا رہا ہے۔

INDEX فہرست

JOSH MALIHABADI — جوش ملیح آبادی

SAHIR LUDHIANAVI — ساحر لدھیانوی

◎◎◎

ہیں اور بھی دنیا میں سخنور بہت اچھے
کہتے ہیں کہ غالب کا ہے اندازِ بیاں اور

غالبؔ

In the world not for refute, are poets of good repute
"Ghalib" however, beyond dispute surpasses romantic expression

'GHALIB'

Mirza Asadullah Khan GHALIB

1797– 1869

'Ghalib' is considered the greatest poet of Urdu, whose poetry is unique in contents and most popular in all the languages of India, because of which he is ranked as the most eminent poet of the world. He is a poet of love and wisdom. He had witnessed the turbulent days of Indian mutiny of 1857, which influenced his personal life and writings.. He was a poet of unmatched quality and dignity, who wrote in Urdu and Persion. Each of his poetic work expresses his patriotic sense, regard of humanistic values and love for his country.

مرزا اسداللہ خاں غالبؔ

مرزا اسداللہ خاں غالب کو اردو کا سب سے بڑا شاعر سمجھا جاتا ہے۔ غالب کے کلام میں اچھوتا پن ہے اور اشعار میں معنویت کی تہیں نظر آتی ہیں۔ ان کی شاعری ان کی زندگی کے تجربات کا نچوڑ ہے۔ اردو غزلگوئی میں ان کا درجہ بہت بلند ہے اور ان کا مختصر سا دیوان ایک گلستانِ ہزار رنگ ہے جو اپنے موضوعات اور خیالات کے لئے گنجینہ معنی کا طلسم ہے۔

ذکر اُس پری وش کا....

ذکر اُس پری وش کا اور پھر بیاں اپنا
بن گیا رقیب آخر تھا جو رازداں اپنا

مے وہ کیوں بہت پیتے بزمِ غیر میں یارب
آج ہی ہوا منظور اُن کو امتحاں اپنا

منظر اِک بلندی پر اور ہم بنا سکتے
عرش سے اِدھر ہوتا کاش کہ مکاں اپنا

دے وہ جس قدر ذِلّت ہم ہنسی میں ٹالیں گے
بارے آشنا نکلا ان کا پاسباں اپنا

دردِ دل لکھوں کب تک، جاؤں ان کو دکھلا دوں
اُنگلیاں فگار اپنی، خامہ خونچکاں اپنا

گھِستے گھِستے مٹ جاتا، آپ نے عبث بدلا
ننگِ سجدہ سے میرے، سنگِ آستاں اپنا

ہم کہاں کے دانا تھے، کس ہُنر میں یکتا تھے
بے سبب ہوا، غالبؔ دُشمن آسماں اپنا

◎◎◎

EXTRAVAGANT DESCRIPTION....

Extravagant description of that fairy, exalted by my exaggeration
Turned my confident to rivlary to my consternation

Why, O God, they inebriated today in the rival's jaund
Why, they allowed themselves to haunt, this act of aberration

We wish we build our dreamhouse beyound the stratosphere
It would be from this elevation such grand orientation

Fortuitously for us was their housekeeper our crony
Gratuitously for him, whatever, we shrugged humiliation

My fingers are all bruised, my pen with blood suffused
How to pen my feelings confused, and show my dissertation

Why you change the door slab, why not let it wear off
By and by expectedly, by my abject supplication

We are not master of arts, nor unique of sorts
For no reason Zodiac resorts, O "Ghalib", to indignation

◎◎◎

نکتہ چیں ہے غمِ دل......

نکتہ چیں ہے غمِ دل اُس کو سُنائے نہ بنے
کیا بنے بات، جہاں بات بنائے نہ بنے

میں بلاتا تو ہوں اُس کو مگر اے جذبۂ دل
اُس پہ بَن جائے کچھ ایسی کہ بِن آئے نہ بنے

کھیل سمجھا ہے، کہیں چھوڑ نہ دے، بھول نہ جائے
کاش! یوں بھی ہو کہ بِن میرے ستائے نہ بنے

غیر پھرتا ہے لئے یوں ترے خط کو کہ اگر
کوئی پوچھے کہ یہ کیا ہے تو چھپائے نہ بنے

اِس نزاکت کا بُرا ہو، وہ بھلے ہیں تو کیا
ہاتھ آئیں تو اُنہیں ہاتھ لگائے نہ بنے

بوجھ وہ سر سے گرا ہے کہ اُٹھائے نہ اُٹھے
کام وہ آن پڑا ہے کہ بنائے نہ بنے

عشق پر زور نہیں، ہے یہ وہ آتش غالب
کہ لگائے نہ لگے، اور بجھائے نہ بنے

◎◎◎

HOW TO FEND....

How to fend off offending friend, grieving cannot help
How to weave one's way around, weaving cannot help

I somehow send for friend, let will-power contend
That the friend will comprehend, if perceiving cannot help

The friend in sheer playfulness may forget and may desist
I wish for friend's teasing trend, peeving cannot help

The rival is sauntering so, with your missive to show
Let someone ask to know, then deceiving cannot help

Beloved is so fragile and is so free of guile
Perchance, if I could reconcile, leaving cannot help

I face such task in scope, I cannot hope to cope
Such burden fallen flat, its heaving cannot help

No control on love, O "Ghalib", it is a ranging fire
At first you cannot kindle, then retrieving cannot help

◎◎◎

ہزاروں خواہشیں ایسی....

ہزاروں خواہشیں ایسی کہ ہر خواہش پہ دم نکلے
بہت نکلے مِرے ارمان لیکن پھر بھی کم نکلے

ڈرے کیوں میرا قاتل کیا رہے گا اُس کی گردن پر
وہ خوں، جو چشمِ تر سے، عمر بھر یوں دم بہ دم نکلے

نکلنا خُلد سے آدم کا سُنتے آئے ہیں، لیکن
بہت بے آبرو ہو کر ترے کوچے سے ہم نکلے

مگر لکھوائے کوئی اس کو خط، تو ہم سے لکھوائے
ہوئی صبح، اور گھر سے کان پر رکھ کر قلم نکلے

ہوئی جن سے توقّع خستگی کی داد پانے کی
وہ ہم سے بھی زیادہ خستۂ تیغِ سِتم نکلے

محبت میں نہیں ہے فرق، مرنے اور جینے کا
اُسی کو دیکھ کر جیتے ہیں، جس کافر پہ دم نکلے

کہاں میخانہ کا دروازہ غالب اور کہاں واعظ!
پر اتنا جانتے ہیں، کل وہ جاتا تھا کہ ہم نکلے

◎◎◎

MANY A THOUSAND WISH....

Many a thousand wish is willed, each in itself is great
Many a longing is fulfilled, though not enough to satiate

Let my executioner not feel any sense of guilt
My ever-flowing blood from eyes will hep extenuate

From the garden of Eden, we know, Adam was expelled
Shame of expulsion from your alley nothing can mitigate

Let anyone avail our service, as scribe to write missives
Pen in hand, from home since morn, we write and communicate

We found them so defected, so utterly rejected
The people who were so expected by us to commiserate

In love no real difference between frustration and fulfilment
We swoon on seeing beloved as we try to ingratiate

Far be it for us, O "Ghalib", to see the preacher at the tavern
However, we know we saw him enter as we left the gate

◎◎◎

دلِ ناداں تجھے....

دلِ ناداں تجھے ہوا کیا ہے؟
آخر اس درد کی دوا کیا ہے؟

ہم ہیں مشتاق اور وہ بیزار
یا الٰہی یہ ماجرا کیا ہے؟

میں بھی منہ میں زبان رکھتا ہوں
کاش پوچھو کہ "مدّعا کیا ہے؟"

جب کہ تجھ بن نہیں کوئی موجود
پھر یہ ہنگامہ اے خدا کیا ہے

ہم کو ان سے وفا کی ہے امید
جو نہیں جانتے وفا کیا ہے

جان تم پر نثار کرتا ہوں
میں نہیں جانتا دعا کیا ہے

میں نے مانا کہ کچھ نہیں غالب!
مفت ہاتھ آئے تو برا کیا ہے

◎◎◎

O WAYWARD HEART....

O wayward heart, what is your predicament
What for this aliment is the right medicament

Our fondness is met by beloved's coldness
Why, O God, this curious impediment

I hold tongue in check in cheek
I wish you ask for emotive statement

O God, when nothing exists besides
Then why this seek and hide intent

We expect fealty from fickle fold
Who do not know its basic ingredient

I do not believe in frivolous flattery
I pledge my life as a humble servant

I admit "Ghalib" is good for nothing
Though free of charge is good investment

◎◎◎

پھر مجھے دیدۂ تر....

پھر مجھے دیدۂ تر یاد آیا
دل، جگر تشنۂ فریاد آیا

دم لیا تھا نہ قیامت نے ہنوز
پھر، ترا وقتِ سفر یاد آیا

عذرِ واماندگی، اے حسرتِ دل
نالہ کرتا تھا، جگر یاد آیا

سادگی ہائے تمنّا یعنی
پھر وہ نیرنگِ نظر یاد آیا

کوئی ویرانی سی ویرانی ہے
دشت کو دیکھ کے گھر یاد آیا

کیا ہی رضواں سے لڑائی ہوگی
گھر ترا خُلد میں گر یاد آیا

میں نے مجنوں پہ لڑکپن میں اسدؔ!
سنگ اُٹھایا تھا کہ سر یاد آیا

◎◎◎

AGAIN MY TEARFUL.....

Again my tearful eyeroll I recall
Again myheart and soul I recall

I still have not overcome the trauma
Your depatrure on heavenly patrol I recall

What excuse for trailing way behind
Lack of spirit and goal I recall

What whisful thinking entertained
Trappings of deceptive role I recall

Seeing such emptiness, such wilderness
My home an arid role I recall

What a row I shall make in heaven
Heaven forbid, your home stroll I recall

O "Asad", as urchin rollicking rock at Majnun
I thought my head would roll, I recall

◎◎◎

ابنِ مریم....

ابنِ مریم ہوا کرے کوئی
میرے دکھ کی دوا کرے کوئی

کیا کِیا خضر نے سکندر سے
اب کسے رہنما کرے کوئی؟

نہ سُنو، گر بُرا کہے کوئی
نہ کہو، گر بُرا کرے کوئی

بک رہا ہوں جنوں میں کیا کیا کچھ
کچھ نہ سمجھے، خدا کرے کوئی

روک لو، گر غلط چلے کوئی
بخش دو، گر خطا کرے کوئی

کون ہے، جو نہیں ہے حاجت مند؟
کِس کی حاجت روا کرے کوئی

جب توقّع ہی اُٹھ گئی غالب
کیوں کسی کا گلا کرے کوئی؟

◎◎◎

LET SON.....

Let Son of Mary incarnate
And help my intense pain abate

How Sikander was taken in by Khizr
How anyone now will take a bait

Lend no ear to errant words
If any one errs, do not berate

Let all ignore my foolish utterance
In exuberance, whatever I explicate

Restrain, if one goes astray
Forgive one for faults innate

How indeed to help the deserving
Who in need is undeserving to date

When every expectation is extinguished
Why then, O "Ghalib", may one speculate

◎◎◎

آہ کو چاہیے اِک عمر.....

آہ کو چاہیے اِک عمر اثر ہونے تک
کون جیتا ہے تری زُلف کے سر ہونے تک

دام ہر موج میں ہے حلقۂ صد کام نہنگ
دیکھیں کیا گزرے ہے قطرے پہ گُہر ہونے تک

عاشقی صبر طلب اور تمنّا بے تاب
دل کا کیا رنگ کروں خونِ جگر ہونے تک

ہم نے مانا کہ تغافل نہ کروگے، لیکن
خاک ہو جائیں گے ہم تم کو خبر ہونے تک

پرِ تو خور سے ہے شبنم کو فنا کی تعلیم
میں بھی ہوں، ایک عنایت کی نظر ہونے تک

یک نظر بیش نہیں فرصتِ ہستی غافل
گرمیِ بزم ہے اِک رقصِ شرر ہونے تک

غمِ ہستی کا اسدؔ! کس سے ہو جز مرگ علاج
شَمع ہر رنگ میں جلتی ہے سحر ہونے تک

◎◎◎

A LIFE TIME A WISH.....

A life time a wish may take to make its own impact
Long enough who may live for love to become a fact

Every wave has myriad hazards entwined within itself
Myriad trials for a water drop to become a pearl perfect

Love demands assiduity and commands audacity
The two are in diversity, one impetuous, one cirumspect

Admitted, your will not neglect to respond to our request
We may be turned to dust before you hear and react

The sun's message to dew is to vaporise and vanish
That seems between you and me the basis of our pact

Ah, what can a life avail other than a moment's travail
Flame of life is a flicker or two, add or subtract

Life's deadlock who can break other than death, "Asad"
A candle burns right till dawn, in every hue and aspect

◎◎◎

کوئی اُمّید بر نہیں آتی.....

کوئی اُمّید بر نہیں آتی
کوئی صورت نظر نہیں آتی

موت کا ایک دن معیّن ہے
نیند کیوں رات بھر نہیں آتی

آگے آتی تھی حالِ دل پہ ہنسی
اب کسی بات پر نہیں آتی

ہے کچھ ایسی ہی بات جو چپ ہوں
ورنہ کیا بات کر نہیں آتی

کیوں نہ چیخوں کہ یاد کرتے ہیں
میری آواز گر نہیں آتی

ہم وہاں ہیں، جہاں سے ہم کو بھی
کچھ ہماری خبر نہیں آتی

مرتے ہیں آرزو میں مرنے کی
موت آتی ہے پر نہیں آتی

◎◎◎

THERE IS NOT A RAY.....

There is not a ray of hope
We do not see any scope

Death is sure one fixed day
Why at night for sleep to elope

Aforetimes, I chided wayward heart
Nothing now I do but mope

I am tongue tied expediently
Not inexpediently for words I grope

Why not I bawl at beloved's call
Though voice from lips cannot cope

We are at a stage, all forlorn
All adrift, bereft of hope

How we are dying for death to come
It does not come but deals the rope

◎◎◎

ہر ایک بات پہ کہتے ہو....

ہر ایک بات پہ کہتے ہو تم کہ "تو کیا ہے؟"
تمہیں کہو کہ "یہ اندازِ گفتگو کیا ہے؟"

نہ شعلے میں یہ کرشمہ، نہ برق میں یہ ادا
کوئی بتاؤ کہ وہ شوخِ تُند خُو کیا ہے

یہ رشک ہے کہ وہ ہوتا ہے ہم سخن تم سے
وگرنہ خوفِ بد آموزیِ عدو کیا ہے

جلا ہے جسم جہاں، دل بھی جل گیا ہوگا
کریدتے ہو جو اب راکھ، جستجو کیا ہے

رگوں میں دوڑتے پھرنے کے ہم نہیں قائل
جب آنکھ ہی سے نہ ٹپکا، تو پھر لہو کیا ہے

وہ چیز، جس کے لیے ہم کو ہو بہشت عزیز
سوائے بادۂ گلفام و مشکبو، کیا ہے

ہوا ہے شہ کا مصاحب پھرے ہے اِتراتا
وگرنہ شہر میں غالب کی آبرو کیا ہے

◎◎◎

FOR ANY THING I SAY.....

For any thing I say, you answer with provocation
What I pray, you say, is this style of conversation

Flame has no such flash, lightning has no such dazzle
Let someone then enlighten us about this abomination

I am averse, that the rival with you should so converse
I am, otherwise, none the worse for his flirtation

When flesh is all burnt, heart must have burnt as well
Your search for it in ashes is an exercise in frustration

Flow in vein we regard in vain, unless from the eyes
Blood as a flood will drain, to cause an inundation

The only reason we eulogise and hold in esteem the paradise
That, in essence, wine and frankincence will be incarnation

"Ghalib" is close to crown, is strutting about in town
Otherwise, he is a bit of a clown in people's estimation

◎◎◎

عمرِ دراز مانگ کر لائے تھے چار دن
دو آرزو میں کٹ گئے دو انتظار میں

بہادر شاہ ظفرؔ

For a long life we bargained, four days we gained,
Two for wishful thanking, two for wait and see

'BAHADUR SHAH 'ZAFAR'

Bahadur Shah ZAFAR

1775-1862

Abdul Muzaffar Sirajuddin Bahadur Shah Zafar, the last emperor of Mughul dynasty in India, was a patriot of Indian mutiny of 1857. , who was imprisoned by British rulers in India for his patriotic and frank expressions about them, and was afterwards deported to Rangoon (Burma, now Myanmar), where he breathed his last in 1862. His poetry in Urdu was influenced by Ibrahim Zauq, a prominent Urdu poet of his times, who was honoured and rewarded by his regime. Most of his poems depict his agonies of his isolation, defeat and despair.

بہادر شاہ ظفر

سلطنت مغلیہ کے آخری تاجدار ابوالمظفر سراج الدین بہادر شاہ ظفر جنھیں 1857 کی جنگِ آزادی کے دوران انگریزوں نے گرفتار کر کے برما بھیج دیا تھا، جہاں انھوں نے اپنی بقیہ زندگی گزار کر وفات پائی۔ بہادر شاہ شیخ ابراہیم ذوق کے شاگرد اور صاحبِ اسلوب غزل گو شاعر تھے۔ ان کی غزلوں میں سادگی، بے تکلفی، وضاحت اور درد مندی نمایاں ہیں۔ بہادر شاہ ظفر کا رنگ تغزل منفرد ہے اور پوری شاعری حالتِ زمانہ کو سمیٹے ہوئے ہے۔

لگتا نہیں جی مرا....

لگتا نہیں جی مرا اجڑے دیار میں
کس کی بنی ہے عالمِ نا پائیدار میں

عمرِ دراز مانگ کر لائے تھے چار دن
دو آرزو میں کٹ گئے دو انتظار میں

کہہ دو یہ حسرتوں سے کہیں اور جا بسیں
اتنی جگہ کہاں ہے دلِ داغدار میں

کتنا ہے بدنصیب ظفؔر دفن کے لئے
دو گز زمین بھی نہ ملی کوئے یار میں

◎◎◎

I AM ILL.....

I am ill at ease in this isolated tract
Who could cope with fitful world, with mind and soul intact

For a long life we bargained, four days we gained
Two for wishful thinding, two for wait and see, add or subtract

Let these wistful longings find another abode
Heart is crowded with wishful belongings to attract

How woe begone is Zafar with his sad plight
No funeral rite, no burial site in native land of contact

◎◎◎

نہ کسی کی آنکھ کا نُور ہوں....

نہ کسی کی آنکھ کا نور ہوں، نہ کسی کے دل کا قرار ہوں
جو کسی کے کام نہ آسکے میں وہ ایک مشتِ غبار ہوں

میرا رنگ روپ بگڑ گیا، مرا یار مجھ سے بچھڑ گیا
جو چمن خزاں سے اجڑ گیا، میں اس کی فصلِ بہار ہوں

نہ تو میں کسی کا حبیب ہوں، نہ تو میں کسی کا رقیب ہوں
جو بگڑ گیا وہ نصیب ہوں، جو اجڑ گیا وہ دیار ہوں

پڑھنے فاتحہ کوئی آئے کیوں، کوئی چار پھول چڑھائے کیوں
کوئی آ کے شمع جلائے کیوں، میں وہ بیکسی کا مزار ہوں

میں نہیں ہوں نغمۂ جانفزا، مجھے سن کے کوئی کرے گا کیا
میں بڑے بروگ کی ہوں صدا، میں بڑے دکھ کی پکار ہوں

◎◎◎

I AM NO EYE'S LIGHT.....

I am no eye's light, nor any heart's delight
Not to benefit anyone, my entity is less than slight

My colourfulness is gone, I am just forlorn
The garden devastated by blizzard, I symbolise its plight

I am no one's friend, I am no one's foe
My lot is all in ruins, like a habitat in blight

Why anyone with flowers favour, with a prayer to spare
Why anyone light a candle at my poor tomb site

I am no melodious tune to amuse or bemuse anyone
I am an echo of tragedy, with pain to incite

◎◎◎

یار کے سب....

یار کے سب قریب رہتے ہیں
دُور ہم بے نصیب رہتے ہیں

نہیں ہوتا کسی سے میرا علاج
یہاں اتنے طبیب رہتے ہیں

ہم کسی گل کے عشق میں نالاں
روشِ عندلیب رہتے ہیں

دشتِ غربت میں رہتے ہیں جو لوگ
وہ ہمیں سے غریب رہتے ہیں

میرے اُن کے معاملے باہم
کیا کہوں کچھ عجیب رہتے ہیں

ہوں وہ تنہا تو کچھ کہوں میں ظفرؔ
ساتھ اُن کے رقیب رہتے ہیں

◎◎◎

EVERY ONE IS.....

Every one is so near the friend
Only we unfortunate are far to befriend

No one can ever cure our malady
Though many a counsellor may intend

In love with flowers to avail our wail
We watch the nightingale's trend

Those who suffer hardness of solitariness
Like us they have a lot to contend

Understanding with beloved not withstanding
With misunderstanding we have to contend

I would talk to beloved in seclusion, O Zafar
But rivals are in collusion to apprehend

◎◎◎

دردِ دل درد آشنا....

دردِ دل درد آشنا جانے
اور بے درد کوئی کیا جانے

زلف تیری ہے وہ بلا کافر
پوچھ مجھ سے، تیری بلا جانے

بے وفا جانے کیا وفا میری
باوفا ہو تو وہ وفا جانے

کر دیا اک نگاہ میں بے خود
چشمِ کافر ہے کیا خدا جانے

اپنے بیمارِ عشق کو تو اگر
زہر بھی دے تو وہ دوا جانے

سرفرازی اُس کو ہووے ظفر
آپ کو سب کا خاکِ پا جانے

◎◎◎

PREDICAMENT OF HEART....

Predicament of heart only cosufferer will know
Medicament for heart no hard hearted will know

Your tassel causes such awful hassel
Only I know, you cannot imagine so

Fickle mind cannot test my fealty
Steadfast mind will not make a row

Beloved's demeanour makes us senseless
One demon glance makes us bow

For one lovelorn, all forlorn
Out of poison, cure will flow

O Zafar, only they may find stature
Who by nature take humility's vow

◎◎◎

وہ دل کیا ہے....

وہ دل کیا ہے نہ ہو پیکان جس میں
وہ گھر کیا ہے نہ ہو مہمان جس میں

نہ دینا تھا دل اس کو ہائے ہم نے
کیا وہ کام جاوے جان جس میں

علاجِ دردِ ہجراں ہے وہ مشکل
کہ ہیں سب چارہ گر حیران جس میں

نہیں مطلب ہمیں حور و پری سے
وہ انساں ہو کہ ہو اک آن جس میں

ہمارا دل عجب حسرت کدہ ہے
پھرے ہیں سینکڑوں ارمان جس میں

سبھی کچھ کیجئے لیکن نہ کیجئے
کہ جاوے اے ظفر ایمان جس میں

◎◎◎

WHAT SORT IS.....

What sort is that heart which has no dart
What sort is that habitat, no homestead of sort

Ah! we shouldn't have surrendered our heart thus
Why to do something which takes our life apart

Cure for pain of separation is so difficult
That counsellors and consolers fail in their art

We have no concern with the houries in heaven
It is the human touch we expect and impart

Our heart is a repository of strange longings
There are a hundred wishes of the last resort

O Zafar, don't do ever anything in which
Your faith may falter of may depart

◎◎◎

یا مجھے افسرِ شاہانہ....

یا مجھے افسرِ شاہانہ بنایا ہوتا
یا مرا تاج گدایانہ بنایا ہوتا

اپنا دیوانہ بنایا مجھے ہوتا تُو نے
کیوں خرد مند بنایا نہ بنایا ہوتا

خاکساری کے لئے گرچہ بنایا تھا مجھے
کاش سنگِ درِ جانانہ بنایا ہوتا

تھا جلانا ہی اگر دوریِ ساقی سے مجھے
تو چراغِ رہِ میخانہ بنایا ہوتا

نشۂ عشق کا گر ظرف دیا تھا مجھ کو
عمر کا تنگ نہ پیمانہ بنایا ہوتا

روز معمورۂ دنیا میں خرابی ہے ظفرؔ
ایسی بستی سے تو ویرانہ بنایا ہوتا

◎◎◎

EITHER A FLOWER.....

Either a flower garland or a crown of thorn
One of the two, I would have willingly worn

I wish you had made me mindless about yourself
Why you made me mindful in your love stubborn

You had made me grovel, though, in the dust
I wish for the beloved's door step I was born

If the proximity of saqi I was deprived
You should have let me use tavern as sojourn

Propensity for love addiction as you provided
You should have let me born and reborn

Daily as this planet is flawed and afflicted
Such habitat be devastated, deserving our scorn

◎◎◎

دل لگانے کی باتیں....

دل لگانے کی باتیں اور ہی ہیں
دل دکھانے کی باتیں اور ہی ہیں

وہ چھپانے کی باتیں اور ہی ہیں
یہ جتانے کی باتیں اور ہی ہیں

کیا کہی بات ہم نے تم سے خلاف
روٹھ جانے کی باتیں اور ہی ہیں

تو اگر چاہے آ یاں سو بار
پر بہانے کی باتیں اور ہی ہیں

آزماتے ہیں وہ وفا میں کسے
آزمانے کی باتیں اور ہی ہیں

ظفرؔ اگلا زمانہ تھا کچھ اور
اس زمانے کی باتیں اور ہی ہیں

◎◎◎

THERE ARE OTHER.....

There are other ways to make and mend
There are other ways to unmake and offend

There are other ways to conceal and contend
There are other ways to compel and comprehend

You take umbrage against our innocent talk
There are other ways to give vent and apprehend

Had you wished, you could visit hundred times
There are other ways you could find and fend

Whose fealty is beloved putting to test
There are other ways to test and befriend

O Zafar, days of yours were good
There are other ways and days in the end

◎◎◎

یار نے بے وفائی....

یار نے بیوفائی ہم سے کی
چرخ نے کج ادائی ہم سے کی

جو نہ تھا منظور نباہ تمہیں
تم نے کیوں آشنائی ہم سے کی

رہا آئینہ رو کے دل میں غبار
اس نے کس دن صفائی ہم سے کی

نہ کیا شکوہ ہم نے اور تم نے
دیکھ کیا کیا برائی ہم سے کی

دامنِ دشت میں جنوں تُو نے
خوب زور آزمائی ہم سے کی

اے ظؔفر بخت ہیں رسا اپنے
اس نے پیدا رسائی ہم سے کی

◎◎◎

FROM THE FRIEND.....

From the friend for us no fealty
From the firmament for us such frailty

If you had no intent for lasting rapport
Why you displayed such compatibility

Beloved's heart remained beclouded
To deprive our love of possibility

No recrimination between you and me
Still the world accused us of proclivity

O Zestfulness for wanderlust
You tested our utmost propensity

O Zafar, we are in good fortune
Beloved has provided such possibility

◎◎◎

کیا کہوں تم نے....

کیا کہوں تم نے مجھ سے کیسی کی
جی ہی جانے ہے میرا جیسی کی

نہ کرے کوئی دشمنی ظالم
دوستی تُو نے مجھ سے ایسی کی

تیری موج تبسّم لب نے
کی نمائش تو موجِ مے سی کی

کیا کہیں کیا بشر کے قالب میں
ہم نے معلوم ایک شے سی کی

دیکھو ہوگا وہ برہم اور ظفرؔ
بات گر تم نے ایسی ویسی کی

◎◎◎

NO COMPLAINT.....

No complaint if I was not feted
Though heart knows how ill I was treated

No sworn enemy may show such animosity
My amity for you was not well greeted

By your rapturous smiling lips
A taste of nectar was completed

How to tell that in human heart
We discovered a wish to well seated

Beware, O Zafar, beloved will be incensed
If inapt talk by you is repeated

◎◎◎

ہم بیٹھ کے اس در پر....

ہم بیٹھ کے اس در پر کب آنسو بہاتے ہیں
ناحق یہ عدو ہم پر طوفان اٹھاتے ہیں

قاصد وہ مرے خط کے پرزے جو اڑاتے ہیں
معلوم نہیں اُن کو کیا غیر پڑھاتے ہیں

لگتی ہے اگر آتش، پانی سے بجھاتے ہیں
پر اشک مرے دل میں اور آگ لگاتے ہیں

ہیں بخت خوابیدہ وہ بھی تو کبھی جاگیں
ہر رات مرے نالے سوتوں کو جگاتے ہیں

ہم ہیں وہی جو آکے روتوں کو ہنساتے تھے
اب حال یہ ہے اپنا ہنستوں کو رُلاتے ہیں

احوال ظفؔر اُن سے کس طرح کہیں اپنا
ہو جاتے ہیں بے خود ہم جس وقت وہ آتے ہیں

◎◎◎

WE DON'T SHED.....

We don't shed our tears at the beloved's behest
Unfairly our rivals raise a storm of protest

Our beloved, O messenger, tears to pieces our missive
So dismissive, why beloved's behaviour is not at its best

If there is fire within, we put it out with water
But tears that well within, add to the heart's test

Let my dormant fate come awake betimes
My wailing every night wakes everyone in their rest

We are now bringing tears, instead of laughter and cheers
We are the same persons who amused with their jest

O Zafar, we wish to explain, but it is all in vain
Our senses take their leave gain when beloved is our guest

◎◎◎

خودی کو کر بلند اتنا کہ ہر تقدیر سے پہلے
خدا بندے سے خود پوچھے بتا تیری رضا کیا ہے

اقبالؔ

Your self respect you elevate that, for every act of fate
God himself to interrogate what man envisages

'IQBAL'

Sir Mohamad IQBAL
1873-1938

Allama Iqbal was a great litterateur, who studied hard and received several honours as a philosopher and a Lawyer. He was a talented poet, who expertised in Urdu, Persian and Arabic. His poetry depicts his patriotism, humanism and philosophy on social and Islamic subjects. He is the most quotatble Urdu poet after Ghalib.

علامہ اقبال

ڈاکٹر محمد اقبال کشمیری برہمنوں کے خاندان سے تعلق رکھتے تھے۔ اقبال بنیادی طور پر نظم گو تھے مگر انھوں نے غزلیں بھی کہی ہیں۔ ان کی شاعری میں تازگی، ندرت اور بلند آہنگی ہے، فکر وخیال کی گہرائی سے اور ترنّم وموسیقیت ہے۔ اقبال کی شاعری ان کے دل کی آواز تھی جس، میں وطن پرستی کا جذبہ روشن تھا اور وہ ہندوستان کی قومی شاعری کی علامت بن گئے تھے۔

ستاروں سے آگے......

ستاروں سے آگے جہاں اور بھی ہیں
ابھی عشق کے امتحاں اور بھی ہیں
تہی زندگی سے نہیں یہ فضائیں
یہاں سینکڑوں کارواں اور بھی ہیں

قناعت نہ کر عالمِ رنگ و بو پر
چمن اور بھی آشیاں اور بھی ہیں
اگر کھو گیا ایک نشیمن تو کیا غم
مقاماتِ آہ و فغاں اور بھی ہیں

تُو شاہیں ہے پرواز ہے کام تیرا
ترے سامنے آسماں اور بھی ہیں
اسی روز و شب میں الجھ کر نہ رہ جا
کہ تیرے زمان و مکاں اور بھی ہیں

گئے دن کہ تنہا تھا میں انجمن میں
یہاں اب مرے رازداں اور بھی ہیں

◎◎◎

BEYOND THE STARS.....

There are beyond the stars other worlds existent
There are in the trail of love other trails persistent

There are myriad caravans trekking in the space
Environs are not devoid of life ever so insistent

There are other habitats and other precincts
For the world of instincts, just be resistant

No reason for you to scold if you lose a hold
With other places as foothold make efforts consistent

You are a falcon breed, flying is your creed
There are many skies to soar for you to be triumphant

Not to be bogged or bothered by this earthly routine
There are other times and places, however far and distant

There are many here now congenial confident
Gone are days I was alone, somehow inconsistent

◎◎◎

گیسوئے تابدار کو......

گیسوئے تابدار کو اور بھی تابدار کر
ہوش و خرد شکار کر، قلب و نظر شکار کر

عشق بھی ہو حجاب میں، حسن بھی ہو حجاب میں
یا تو خود آشکار ہو، یا مجھے آشکار کر

تُو ہے محیطِ بیکراں، میں ہوں ذرا سی آبجو
یا مجھے ہمکنار کر یا مجھے بیکنار کر

میں ہوں صدف تو تیرے ہاتھ میرے گہر کی آبرو
میں ہوں خزف تو تُو مجھے گوہرِ شاہوار کر

باغِ بہشت سے مجھے حکمِ سفر دیا تھا کیوں
کارِ جہاں دراز ہے اب میرا انتظار کر

روزِ حساب جب میرا پیش ہو دفترِ عمل
آپ بھی شرمسار ہو، مجھ کو بھی شرمسار کر

◎◎◎

EMBLAZON THE....

Emblazon the embellished tresses just a shade better
Ensnare the head and heart, ensnare the mind the matter

Love may be in hiding, so also beauty in hiding
You either reveal youself or allow the view of the latter

You are a mighty ocean, I am a tiny rivulet
Either you swallow me whole or let me all scatter

If I am a guardian shall, you help me protect the pearl
If I am a gem, you polish me and put me on a platter

Why from garden of Eden, You had ordered my expulsion
Errand of earth are pressing now, my return to urgent matter

When on day of Judgement is my balance sheet presented
You feel a twings of embarrassment, my self also bespatter

◎◎◎

غلامی میں نہ کام......

غلامی میں نہ کام آتی شمشیریں نہ تدبیریں
جو ہو ذوقِ یقیں پیدا تو کٹ جاتی ہیں زنجیریں

کوئی اندازہ کر سکتا ہے اس کے زورِ بازو کا
نگاہِ مردِ مومن سے بدل جاتی ہیں تقدیریں

ولایت، پادشاہی، علم، اشیاء کی جہانگیری
یہ سب کیا ہیں فقط اک نکتۂ ایماں کی تفسیریں

براہیمی نظر پیدا مگر مشکل سے ہوتی ہے
ہوس چھپ چھپ کے سینوں میں بنا لیتی ہے تصویریں

تمیزِ بندہ و آقا فسادِ آدمیت ہے
حذر، اے چیرہ دستاں سخت ہیں فطرت کی تعزیریں

حقیقت ایک ہے ہر شے کی خاکی ہو کہ نوری ہو
لہو خورشید کا ٹپکے، اگر ذرے کا دل چیریں

یقیں محکم، عمل پیہم، محبت فاتحِ عالم
جہادِ زندگانی میں یہ ہیں مردوں کی شمشیریں

◎◎◎

TO BREAK THE HUMAN....

To break the human bondage, no sword, no skill avail
When force of faith is born, chains cannot prevail

Who can throw a challange to the strength of his sinews
Man of faith can change the fate, his efforts cannot fail

Territory and its tutelage, knowledge and resouce
What are these but manifestation of the human tale

Prophetic vision of Abraham is difficult to emulate
Surreptitiously temptation distracts, with images along the trail

System of keeping bondage is a basis of human strife
Those unjust had better beware, nature is strict to flait

Reality of all material, physical or etheral, is exactly same
Prodigious energy of sun to claim, if atom is split in detail

Firmness of faith, persistent effort, pervasive sense of love
These are some of the qualities which labours of love entail

◎◎◎

افلاک سے آتا ہے......

افلاک سے آتا ہے نالوں کا جواب آخر
کرتے ہیں خطاب آخر اٹھتے ہیں حجاب آخر

احوالِ محبت میں کچھ فرق نہیں ایسا
سوز و تب و تاب اوّل، سوز و تب و تاب آخر

میں تجھ کو بتاتا ہوں تقدیرِ امم کیا ہے
شمشیر و سناں اوّل، طاؤس و رباب آخر

میخانۂ یورپ کے دستور نرالے ہیں
لاتے ہیں سرور اوّل، دیتے ہیں شراب آخر

کیا دبدبۂ نادر، کیا شوکتِ تیموری
ہو جاتے ہیں سب دفتر غرقِ مئے ناب آخر

تھا ضبط بہت مشکل اس سیلِ معانی کا
کہہ ڈالے قلندر نے اسرارِ کتاب آخر

◎◎◎

FROM HEAVEN....

From heaven on high, our prayers are met at last
We get addressed at last, the curtain is let at last

In the realm of resolution, there is hardly any variance
Emotional commitment at outset, emotions beset at last

I point to fact of historty, pointer to the fate of nations
Their sweat and tears first, their toils beget at last

Strange are the way of taverns so extant in Europe
They intoxicate you first, for wine you bet at last

All splendor of Tramerlane, all brilliance of Alexander
Are swept by torrent of time, became history's debt at last

It was difficult to restrain, the flood of words to contain
However, the bard explained the book's secret at last

◎◎◎

پھر باد بہار آئی......

پھر باد بہار آئی، اقبال غزل خواں ہو
غنچہ ہے اگر گل ہو، گل ہو تو گلستاں ہو

تُو خاک کی مٹھی ہے، اجزا کی حرارت سے
برہم ہو، پریشاں ہو، وسعت میں بیاباں ہو

تُو جنسِ محبت ہے، قیمت ہے گراں تیری
کم مایہ ہیں سوداگر، اس دیس میں ارزاں ہو

کیوں ساز کے پردے میں مستور ہو لے تیری
تُو نغمۂ رنگیں ہے، ہر گوش پر عریاں ہو

اے رہروِ فرزانہ، رستے میں اگر تیرے
گلشن ہے تو شبنم ہو، صحرا ہے تو طوفاں ہو

ساماں کی محبت میں مضمر ہے تن آسانی
مقصد ہے اگر منزل، غارت گرِ ساماں ہو

◎◎◎

SEASON OF SPRING.....

Season of spring again is here, let Iqbal satiate
Bud should turn to flower, the flower to garden state

You are a pinch of dust, with the heat of your consituents
You expand to desert proportion, you blow, you agitate

You are a commodity of love, you are very precious
Bidders here are short on cash, be inexpensive bait

Why in musical strings should your tune be lying hidden
You are a pleasant melody, let ears enjoy your trait

O you ardent trekker! all along your track
If garden lies, turn to dew, if desert, inundate

In love for wordly riches lies hidden love for ease
If you are aiming for destination, let riches not pirate

◎◎◎

نہ آتے ہمیں......

نہ آتے ہمیں اس میں تکرار کیا تھی
مگر وعدہ کرتے ہوئے عار کیا تھی

تمہارے پیامی نے سب راز کھولا
خطا اس میں بندے کی سرکار کیا تھی

بھری بزم میں اپنے عاشق کو تاڑا
تیری آنکھ مستی میں ہشیار کیا تھی

تامل تو تھا ان کو آنے میں قاصد
مگر یہ بتا طرزِ انکار کیا تھی

کھنچے خود بخود جانبِ طور موسیٰ
کشش تیری اے شوقِ دیدار کیا تھی

کہیں ذکر رہتا ہے اقبال تیرا
فسوں تھا کوئی تیری گفتار کیا تھی

◎◎◎

NO ILL FELLING.....

No ill feeling on our part if you hardly came
No problem on your part, if you promise all the same

Your messenger it was who divulged the whole secret
For no fault whatever can you hold me to blame

In enclave full of people you spotted your beloved
Despite intoxication how discerning your eye became

Beloved,though admittedly, was inclined to decline
Confide to me, messenger, the excuse however lame

Moses was drawn to Tur as inevitable attraction
Volition for seeking vision wasintense to inflame

Over there you are remembered feelingly, "Iqbal"
Your talk was sheer magic, smooth enough to tame

◎◎◎

کبھی اے حقیقت......

کبھی اے حقیقتِ منتظر نظر آ لباسِ مجاز میں
کہ ہزاروں سجدے تڑپ رہے مری جبینِ نیاز میں

طرب آشنائے خروش ہو، تو نوا ہے محرمِ گوش ہو
وہ سرود کیا کہ چھپا ہوا ہو سکوتِ پردہ ساز میں

تُو بچا بچا کے نہ رکھ اسے، ترا آئینہ ہے وہ آئینہ
کہ شکستہ ہو تو عزیز تر ہے نگاہِ آئینہ ساز میں

دمِ طواف کرمکِ شمع نے یہ کہا کہ وہ اثرِ کہن
نہ تری حکایتِ سوز میں، نہ مری حدیثِ گداز میں

نہ کہیں جہاں میں اماں ملی، جو اماں ملی تو کہاں ملی
مرے جرمِ خانہ خراب کو ترے عفوِ بندہ نواز میں

نہ وہ عشق میں رہیں گرمیاں، نہ وہ حسن میں رہیں شوخیاں
نہ وہ غزنوی میں تڑپ رہی نہ وہ خم ہے زلفِ ایاز میں

جو میں سر بسجدہ ہوا کبھی تو زمیں سے آنے لگی صدا
ترا دل تو ہے صنم آشنا، تجھے کیا ملے گا نماز میں

◎◎◎

COME.........

Come, O ephemeral images! sometime in temporal attire
As thousand homages in my heart are seething to admire

Strike to pleasant note, for rapport to denote
Melody to break its silence with musical strings to conspire

Hold it not from view, your mirror is one that mirrors
Creator's wish to hold it dear, for a fault however dire

While circumambulating lamp, the moth said nostalgically
No warmth is in my passion, no heat is in your fire

I didn't find refuge in world, and if at all I did
I found it in your mercy, to forgive my sins entire

Love has lost its nerve, beauty has lost its verve
Beloved has given up embellishment, lover has lost desire

As I bowed to pray, I heard a voice to say
Your mind is not in prayer, concentration is what you require

◎◎◎

پردہ چہرے سے اٹھا......

پردہ چہرے سے اٹھا، انجمن آرائی کر
چشمِ مہر و مہ انجم کو تماشائی کر

تو جو بجلی ہے تو یہ چمک پنہاں کب تک
بے حجابانہ مرے دل سے شناسائی کر

کب تلک طور پر دریوزہ گری مثلِ کلیم
اپنی ہستی سے عیاں شعلہ سینائی کر

اس گلستان میں نہیں حد سے گزرنا اچھا
ناز بھی کر تو باندازۂ رعنائی کر

پہلے خوددار تو مانندِ سکندر ہولے
پھر جہاں میں ہوسِ شوکتِ دارائی کر

مل ہی جائے گی کبھی منزلِ لیلیٰ اقبال
کوئی دن اور ابھی بادہ پیمائی کر

◎◎◎

LIFT THE VEIL....

Lift the veil from your face, and come face to face
Let the sun, moon and stars join in their gaze

If you are lightning flash, then why this hide and seek
Without ado or any fear, my heart you may trace

How long like Moses on Mount of Tur begging Divine light
By your own existence you may dazzle with your grace

In this world it is hardly wise to seek excessive prize
But even in your nonchalance, remain within your base

You must first be mindful of the ways of Alexander
Before you ever conquer the world to encompass to space

One day, Iqbal, surely you will reach your cherished goal
A while you range the desert, persevere in your pace

◎◎◎

ظاہر کی آنکھ سے......

ظاہر کی آنکھ سے نہ تماشا کرے کوئی
ہو دیکھنا تو دیدۂ دل وا کرے کوئی

منصور کو ہوا لبِ گویا پیامِ موت
اب کیا کسی کے عشق کا دعویٰ کرے کوئی

ہو دید کا جو شوق تو آنکھوں کو بند کر
ہے دیکھنا یہی کہ نہ دیکھا کرے کوئی

میں انتہائے عشق ہوں، تو انتہائے حسن
دیکھے مجھے کہ تجھ کو تماشا کرے کوئی

چھپتی نہیں ہے یہ نگہ شوق، اے ہم نشیں
پھر اور کسی طرح انہیں دیکھا کرے کوئی

اڑ بیٹھے کیا سمجھ کے بھلا طور پر کلیم
طاقت ہو دید کی تو تقاضا کرے کوئی

نظارے کو یہ جنبشِ مژگاں بھی بار ہے
نرگس کی آنکھ سے تجھے دیکھا کرے کوئی

◎◎◎

WITH OUTER EYE.....

With outer eye alone let no one see the sight
For real seeing, inner eye must be used aright

Mansoor had coured death by proclaiming his love
Who now can make such proclamation without due insight

If you want it disclosed, you keep your eyes closed
The real seeing is to forego any vision's delight

I am perfection of love, you are paragon of beauty
Between you and me as spectacle, difference is only slight

Impossible it is, o friend, to suppress the zest for seeing
How else to see beloved's view, well as one might

Why was Moses so insistent on Sinai's mountain
To confront Divine dazzle, so unbearable bright

Movement even of eyelash is too much for real vision
Best it is to see beloved with narcissus sight

◎◎◎

نہ کرذکر......

نہ کر ذکرِ فراق و آشنائی
کہ اٹل زندگی ہے خود نمائی

نہ دریا کا زیاں ہے نہ گہر کا
دلِ دریا سے گوہر کی جدائی

تمیز خار و گل سے آشکار
نسیمِ صبح کی روشن ضمیری

حفاظت پھول کی ممکن نہیں ہے
اگر کانٹے میں ہو خوئے حریری

◎◎◎

MUCH ADO ABOUT.....

Much ado about synthesis and separation
Reality of life is self manifestation

For pearl or ocean no ruination
If from ocean is pearl in deviation

Between flower and thorn no distraction
Morning breeze shows little predilection

For thorn to imbibe gentle reaction
Will mean loss of flower's protection

◎◎◎

غور سے دیکھا نظام دہر تو ثابت ہوا
آدمی پیدا ہوا ہے کام کرنے کے لیے
جوشؔ

On close scrutiny of world order, it became quite clear
Man is born to sweat and toil and remain astir

'JOSH'

JOSH MALIHABADI

1898-1982

Josh Malihabadi was a firebrand poet, a patriot and a prominent personality of Indian freedom movement. His poetry depicts his concern for the poor and dispossessed of Indian society. He was a master craftsman and a wizard of words, who migrated to Pakistan in 1956, where he died in 1982 because of isolation and depression.

جوشؔ ملیح آبادی

شبیر حسن خاں جوش اتر پردیش کے ایک جاگیردار گھرانے کے فرد تھے مگر ان کا مزاج اقتدار کا نہیں بلکہ آزادی خیال اور انسان دوستی کا تھا۔ جوش فنکارانہ حسن کے بھی شاعر تھے اور انقلاب کے بھی۔ ان کے کلام میں وطنیت کی تصویر روشن ہے۔ اسی سے جوش قومی شاعر شناخت ہوئے اور شاعرِ شباب اور شاعرِ انقلاب کہلائے۔ جوش کا کنٹری بیوشن بہت زیادہ ہے اور اردو شاعری میں وہ ایک قد آور شخصیت کے مالک ہیں۔

سوزِ غم دے کر......

سوزِ غم دے کے مجھے اُس نے یہ ارشاد کیا
جا تجھے کشمکشِ دہر سے آزاد کیا

وہ کریں بھی تو کن الفاظ میں تیرا شکوہ
جن کو تیری نگہۂ لطف نے برباد کیا

دل کی چوٹوں نے کبھی چین سے رہنے نہ دیا
جب چلی سرد ہوا، میں نے تجھے یاد کیا

اے میں سو جان سے اس طرزِ تکلّم کے نثار
پھر تو فرمایئے، کیا آپ نے ارشاد کیا

اس کا رونا نہیں کیوں تم نے کیا دل برباد
اس کا غم ہے کہ بہت دیر میں برباد کیا

اتنا مانوس ہوں فطرت سے، کلی جب چٹکی
جھک کے میں نے کہا، مجھ سے کچھ ارشاد کیا

مجھ کو تو ہوش نہیں تم کو خبر ہو شاید
لوگ کہتے ہیں کہ تم نے مجھے برباد کیا

◎◎◎

HAVING CONDEMNED.....

Having condemned me to a life of suffering, beloved then intoned
Ah, your life sentence I have just now condoned

How can they find, if at all, some words to complain
Ruined by your non-chalance, from their perch dethroned

Inner scars of heart never allowed us peace of mind
When-ever buffeted by cold wind, we have cried and moaned

Ah, I am so bedazzled by your beguiling speech
Say it again, please, what you have intoned

We grieve not at all why you ruined our heart
That it had taken you that long, we have bemoaned

I am so in rapport with nature, that in unwrapping of buds
I wonder in all humility if unveiling could be postponed

I am fully incensed that you may perhaps sense
For my ruination, as per people's rumination, you are not atoned

◎◎◎

ملا جو موقع......

ملا جو موقع تو روک دوں گا جلال روزِ حساب تیرا
پڑھوں گا رحمت کا وہ قصیدہ کہ ہنس پڑے گا عتاب تیرا

یہی تو ہیں دوستونِ محکم، انہیں پہ قائم ہے بزمِ عالم
یہی تو ہے رازِ خُلد و آدم، نگاہ میری شباب تیرا

تمام محفل کے روبرو، گو اٹھائیں نظریں ملائی آنکھیں
سمجھ سکا ایک بھی نہ لیکن، سوال میرا، جواب تیرا

اِدھر میرا دل تڑپ رہا ہے تری جوانی کی جستجو میں
اُدھر مرے دل کی آرزو میں مچل رہا ہے شباب تیرا

کرے گی دونوں کا چاک پردہ، رہے گا دونوں کو کر کے رسوا
یہ شورشِ ذوقِ دید میری، یہ اہتمامِ حجاب تیرا

بھلا ہو جوشؔ نے اٹھایا نگاہ کا چشمِ تر سے پردہ
بلا سے جاتی رہیں گر آنکھیں، کُھلا تو بندِ نقاب تیرا

◎◎◎

IF I FIND.....

If I find it oppotune, I shall risk your ire on the day of judgemnt
I shall recount your act of mercy and so provoke your amusement

These are the two pillars of strength on which the world is resting
This is the secret of Adam on earth; for your beauty my enchantment

In front of the whole enclave, I dared to meet your eyes
But none could understand my candid questions, nor your emo ive statement

Here my heart is restless in search of your youthfulness
There your beauty and my zest are sharing natural sentiment

My tempestuous wish to see, your circumspect nature to hide
Will unravel our inner secret, lead to its denouement

You deserve, O "Josh", credit to help unveil beloved's face
It matters not your eyes were blinded, it led to veil's easement

◎◎◎

اشکوں کو چین......

اشکوں کو چین ہی نہیں آفت کئے بغیر
تم اور مان جاؤ شرارت کئے بغیر

اہلِ نظر کو یار دکھاتا رہِ وفا
اے کاش! ذکرِ دوزخ و جنّت کئے بغیر

اب دیکھ اس کا حال آتا نہ تھا قرار
خود تیرے دل کو، جس پہ عنایت کئے بغیر

اے ہم نشیں محال ہے ناصح کا ٹالنا
یہ اور یہاں سے جائیں نصیحت کئے بغیر

تم کتنے تند خو ہو کہ پہلو سے آج تک
اک بار بھی اٹھے نہ قیامت کئے بغیر

چلتا نہیں ہے محفلِ حسنِ جواں میں کام
ہر جنبشِ نظر سے عبادت کئے بغیر

مانا کہ ہر قدم پہ قیامت ہے پھر بھی جوش
بنتا نہیں کسی سے محبت کئے بغیر

◎◎◎

AWFULLY CAPTIVATING....

Awfully captivating, beloved cannot help
Less than aggravating, beloved cannot help

Cult of fidelity in the realm of reality
Hell or heaven over-stating, beloved cannot help

You are all the time longing for beloved's belonging
But all the time vacillating, beloved cannot help

Difficult it is, O frined, to dissuade preacher
Unwarranted advice dictating, preacher cannot help

Such is tempestuous nature of beloved all the time
To leave without hallucinating, beloved cannot help

No way for one to have one's way without supplicating
As all the time intimidating, beloved cannot help

Admitteldly, O "Josh", every step is agonizing hell
To ask beloved for dating one cannot help

◎◎◎

قدم انساں کا......

قدم انساں کا راہِ دہر میں تھرّا ہی جاتا ہے
چلے کتنا ہی کوئی بچ کے ٹھوکر کھا ہی جاتا ہے

نظر ہو خواہ کتنی ہی حقیقت آشنا پھر بھی
ہجومِ کشمکش میں آدمی گھبرا ہی جاتا ہے

خلافِ مصلحت میں بھی سمجھتا ہوں، مگر واعظ
وہ آئے ہیں تو چہرہ پر تغیّر آ ہی جاتا ہے

ہوائیں زور کتنا ہی لگائیں آندھیاں بن کر
مگر جو گھِر کے آتا ہے وہ بادل چھا ہی جاتا ہے

شکایت کیوں اسے کہتے ہو، یہ فطرت ہے انساں کی
مصیبت میں خیالِ عیشِ رفتہ آ ہی جاتا ہے

سمجھتی ہیں مآلِ گُل، مگر کیا زورِ فطرت ہے
سحر ہوتے ہی کلیوں کو تبسم آ ہی جاتا ہے

◎◎◎

IN THE REALM......

In the realm of reality, one is caught up in affray
However one may care, one is bound to go astray

Even with a penetrating sight, there is oversight
Facing myriad challenges, mind is at bay

I know it is not expedient, but even so, O preacher
On the appearance of beloved, I get carried away

Winds may huff and puff and become a storm
But billowing clouds remain afloat and hold their sway

Why treat it as a complaint, nature knows no restraint
We recall our happy days, in days of dismay

They know the flower's fate, even so compulsively
Buds unviel at dawn, to smile at flowers life of a day

◎◎◎

جب سے مرنے کی......

جب سے مرنے کی جی میں ٹھانی ہے
کس قدر ہم کو شادمانی ہے

شاعری کیوں نہ راس آئے مجھے
یہ مرا فنِ خاندانی ہے

کیوں لبِ التجا کو دوں جنبش
تم نہ مانو گے اور نہ مانی ہے

روح کیا ہے؟ آہ کی خفیف ہوا
خون کیا ہے؟ آنسوؤں کا پانی ہے

آپ ہم کو سِکھائیں رسمِ وفا
مہربانی ہے، مہربانی ہے

دل ملا ہے جنہیں ہمارا
تلخ ان سب کی زندگانی ہے

کوئی صدمہ ضرور پہنچے گا
آج دل کو کچھ شادمانی ہے

◎◎◎

EVER SINCE WE.......

Ever since we made our dieing intent
Our heart has been all content

Why I shouldn't be adept at poetry
From ancestors I have inherited the talent

Why let request slip my lip
As ever, you will not nod in agreement

What is blood, but liquid in flood
What is soul, but sighs and lament

You will teach us art of fealty
I take it as your compliment

Whoever has won over our heart
Has suffered only pangs of torment

We are bound to face trauma and drama
To day our heart is full of enjoyment

◎◎◎

تبسّم ہے وہ......

تبسّم ہے وہ ہونٹوں پر جو دل کا کام کر جائے
انہیں اس کی نہیں پروا کوئی مرتا ہے مر جائے

دعا ہے میری اے دل تجھ سے دنیا کوچ کر جائے
اور ایسی کچھ بنے تجھ پر کہ ارمانوں سے ڈر جائے

جو موقع مل گیا تو خضر سے یہ بات پوچھیں گے
جسے ہو جستجو اپنی وہ بے چارہ کدھر جائے

پریشاں بال کرتے ہیں، انہیں شوخی سے مطلب ہے
بکھرتا ہے اگر شیرازۂ عالم، بکھر جائے

حیاتِ دائمی کی لہر ہے اس زندگانی میں
اگر مرنے سے پہلے بن پڑے تو جوشؔ مر جائے

◎◎◎

SUCH SMILE ON LIPS.....

Such smile on lips of beloved, as heart can not fend
To be or not to be, beloved does not mind or mend

I wish, O heart, you may banish the world from self
And, at all, you may help leaving wishful trend

We'll enquire, if at all, we meet legendary Khizr
How many someone in search of self proceed and contend

Beloved is unfurling tresses, as a show of playfulness
If world goes in throes of darkness, let darkness descent

There is a measure of permanence in our life on earth
If "Josh" can die before death, let him meet his end

◎◎◎

پہنچ کر عالمِ وحدت میں....

پہنچ کر عالمِ وحدت میں دل سے کام لیتے ہیں
جب آدھی رات آ جاتی ہے ان کا نام لیتے ہیں

برس جاتے ہیں موتی برق سی اک کوند جاتی ہے
کچھ اس انداز سے وہ مسکرا کر جام لیتے ہیں

کوئی اس کوششِ اخفائے رازِ عشق کی حد بھی
کہ خلوت میں بھی آہستہ کسی کا نام لیتے ہیں

یہ سن کر ہم نے میخانہ میں اپنا نام لکھوایا
جو میکش لڑکھڑاتا ہے وہ بازو تھام لیتے ہیں

سحر تک چاند میرے سامنے رکھتا ہے عکس ان کا
ستارے شب کو میرے ساتھ ان کا نام لیتے ہیں

نہیں معلوم کیا کھوئی ہوئی شے یاد آتی ہے
ہوا جب سرد چلتی ہے کلیجہ تھام لیتے ہیں

قریبِ رہگزر تربت کا ہونا بھی قیامت ہے
اِدھر سے جو گزرتے ہیں تمہارا نام لیتے ہیں

◎◎◎

ARRIVING..........

Arriving in the realm of identity, we take control of heart
When realm of night is supreme, not to lose our heart

We behold rubies and gems, we behold lightning flash
The beloved hold the goblet with a smile of sort

There is a limit to circumspection to keep it secret
Beloved alone not to own our name, not to upset apple cart

We patronized the tavern for the simple reason
That we not be over-board, will beloved's balancing art

Moon reflects beloved's face right till dawn
Stars accompany through the night, impetus to impart

We know not what nostalgic memories beckon
When cold wind blows about, it pierces like a dart

What wretch to be entombed near a treaded stretch
They utter, as they pass, your good name to distort

◎◎◎

دل بجھ گیا....

دل بجھ گیا ہے کہ سینہ خالی سا ہو گیا ہے
بیٹھا ہوا ہوں حیران کچھ جیسے کھو گیا ہے

بیمارِ شامِ غم کی اللہ ری نا امیدی
ملتے ہی تم سے آنکھیں کچھ چپ سا ہو گیا ہے

کِس زور میں رواں ہے دریائے غم کا دھارا
آیا ہے وہ، اپنی کشتی ڈبو گیا ہے

آتا ہے مجھ کو کیا کیا بے اختیار رونا
جب کوئی پوچھتا ہے کیا تجھ کو ہو گیا ہے

کل سب کو چاندنی میں پھر اس کی یاد آئی
ہم جانتے تھے دل سے وہ محو ہو گیا ہے

چہرے پہ مردنی سی چھائی ہوئی ہے گویا
دو دن میں جوش تیرا کیا حال ہو گیا ہے

◎◎◎

HEART IS EXTINCT.....

Heart is extinct, bosom has been empty precinct
I am sitting bemused, confused without a hint

What hopelessness for one separated from friend
He is looking list-less, no exchange of glances, no glint

Hapless sufferer of hopelessness has his boat perished
The torrent of unhappiness is at full sprint

I am prone to tear-burst beyond any control
When someone may enquire as to my instinct

Moonlit night last night brought beloved's memory
In our mind we had thought beloved had gone indistinct

Your face, on the face of it, has lost luster
Why in a couple of days, O "Josh", love has left its print

◎◎◎

تجربہ کے دشت....

تجربہ کے دشت سے دل کو گزرنے کے لئے
روز اک صورت نئی ہے غور کرنے کے لئے

جب کوئی بنتا ہے لاکھوں ہستیوں کو میٹ کر
صبح تاروں کو دباتی ہے ابھرنے کے لئے

حاملِ اسرارِ فطرت ہوں گدا بھی ہوں تو کیا
بات یہ کافی ہے مجھ کو فخر کرنے کے لئے

روح کو چمکا، خودی کو توڑ کر زینے بنا
دو یہ تدبیریں ہیں دنیا میں ابھرنے کے لئے

غور سے دیکھا نظامِ دہر تو ثابت ہوا
آدمی پیدا ہوا ہے کام کرنے کے لئے

گوہرِ مقصود خود ملتا ہے، ہمت شرط ہے
مضطرب رہتا ہے ہر موتی ابھرنے کے لئے

کہہ دو دنیا کے حوادث سے، نہ چھیڑیں اس طرح
جوشؔ ہم تیار ہی بیٹھے ہیں مرنے کے لئے

◎◎◎

FREE RANGING.....

Free ranging in the desert of experimentation to incur
Every day a new challenge comes to recur

Having decimated thousand lives when a new life ia born
A dawn is born when myriad stars are suppressed to blur

Even as an humble being, I bear nature's secrets
Enough it is for me to be proud and to defer

Emblazon your soul, embellish your ego to climb higher
These are the two strategies to stir and bestir

On close scrutiny of world order, it became quite clear
Man is born to sweat and toil and remain astir

Ambition fulfils itself, if wilful heart wills itself
Each pearl agitates within the shell, nothing shall deter

Let the vagaries of world beware, not to mess about
O "Josh", even unprovoked, dieing we prefer

◎◎◎

یوں ہم اس....

یوں ہم اس شوق کو پہلو میں لئے بیٹھے ہیں
کوئی دیکھے تو یہ سمجھے کہ پٹے بیٹھے ہیں

تم سے اظہارِ خیالات کریں یا مرجائیں
آج اس بات کا ہم عہد کئے بیٹھے ہیں

ضد دلانا جو ہے مقصود تبسم کو ترے
ہم پھر آج اپنے گریباں کو لئے بیٹھے ہیں

ہنس رہے ہیں شبِ وعدہ وہ مکاں میں اپنے
ہم ادھر عیش کا سامان کئے بیٹھے ہیں

جو مقدّر میں ہے وہ ہو کے رہے گا اے جوشؔ
آپ کیوں دل کو پریشان کئے بیٹھے ہیں

◎◎◎

WITH A SULLEN.....

With a sullen attitude is beloved beside us seated
This may lead to speculation our love is defeated

We may be candid with friend or fail to befriend
We have taken a vow today not to be ill treated

We intend today to test your penchant for a smile
We'll like to see today that we are well greeted

Beloved is non chalant not to meet as promised
Here we are sulking, to our homestead having retreated

Whatever moving finger writes, we are bound by its writ
Why, O "Josh", you are repentant for your sins repeated

◎◎◎

دنیا نے تجربات و حوادث کی شکل میں
جو کچھ مجھے دیا ہے وہ لوٹا رہا ہوں میں

ساحرؔ

See world in the form of challenges and experiments
Whatever has given to me, I return with compliments

'SAHIR'

SAHIR LUDHIANVI

1922-1980

Abdul Hai 'Sahir' was the only son of a great landlord of Ludhiana. During his young age, he renounced his father, and preferred to stay with his mother. He was a poet of progressive ideas, which he depicted in some of his poems. He believed in awakening of the social evils of poverty, oppression and explotation, and opposed the feudalism, fascism and capitalism of the society. He never married, but had very close relationship with writers like Amrita Pritam, singer Sudha Malhotra. He always helped and encouraged his friends and contemporary poets of those time in their carrier, during his contributions to Indian films. He was a great friend and a fine personality, who respected the traditions of Indian society and culture. His poetry collection 'Talkhian' has been published in many languages.

ساحرلدھیانوی

عبدالحئی ساحرلدھیانہ میں پیدا ہوئے۔ وہ اردو کے ادبی رسائل 'ادب لطیف' اور 'سویرا' کے ایڈیٹر رہے اور جب وہ فلموں سے وابستہ ہو گئے تو مستقل طور پر دم آخر تک فلمی گیت نگاری کی اور اپنے فلمی گیتوں کے لئے بہت مقبول ہوئے۔ ساحرلدھیانوی ترقی پسند تحریک سے بھی وابستہ رہے اور ترقی پسند خیالات کو انھوں نے اپنی شاعری میں جگہ دی۔ ان کے کلام میں حسن و عشق کی باتیں بھی ہیں۔

پل دو پل کا شاعر.....

میں پل دو پل کا شاعر ہوں، پل دو پل میری کہانی ہے
پل دو پل میری ہستی ہے، پل دو پل میری جوانی ہے

مجھ سے پہلے کتنے شاعر آئے اور آ کر چلے گئے
کچھ آہیں بھر کر چلے گئے، کچھ نغمے گا کر چلے گئے

وہ بھی اک پل کا قصہ تھے، میں بھی اک پل کا قصہ ہوں
کل تم سے جدا ہو جاؤں گا، گو آج تمہارا حصہ ہوں

پل دو پل میں کچھ کہہ پایا، اتنی ہی سعادت کافی ہے
پل دو پل تم نے مجھ کو سنا، اتنی ہی عنایت کافی ہے

کل اور آئیں گے نغموں کی کھلتی کلیاں چُننے والے
مجھ سے بہتر کہنے والے، تم سے بہتر سننے والے

◎◎◎

TRANSIENT POET

I am a transient poet, momentary is my tale to tell
A fleeting moment or two my of life, my youth is a momentary spell

Countless poets preceded me, and they proceeded to depart
Some had left with a heavy heart, some delighted with their part

They were withy us for a while, I, too, am with my moment beguile
Tomorrow I'll be out of style, though today I am in style

I availed some moments to recite, I am gratified aright
You listened to me for a moment or two, I thank as well I might

More will come to amuse tomorrow, be mused with their poetry diverse
Better listeners will appreciate their recitation of better verse.

◎◎◎

تاج محل

تاج تیرے لئے ایک مظہر الفت ہی سہی
تجھ کو اس وادیِ رنگین سے عقیدت ہی سہی
میری محبوب کہیں اور ملا کر مجھ سے

بزم شاہی میں غریبوں کا گزر کیا معنی
ثبت جس راہ میں ہوں سطوتِ شاہی کے نشاں
اس پہ الفت بھری روحوں کا سفر کیا معنی
میری محبوب پس پردہ تشہیرِ وفا
تو نے سطوت کے نشانوں کو تو دیکھا ہوتا
مردہ شاہوں کے مقابر سے بہلنے والی
اپنے تاریک مکانوں کو تو دیکھا ہوتا
ان گنت لوگوں نے دنیا میں محبت کی ہے
کون کہتا ہے کہ صادق نہ تھے اُن کے جذبے
لیکن اُن کے لئے تشہیر کا سامان نہیں
کیونکہ وہ لوگ بھی اپنی ہی طرح مفلس تھے
یہ عمارات و مقابر یہ فصیلیں یہ حصار

TAJ MAHAL

Taj mahal may be, for you, a symbol of love professed

For this weird habitat may be, you are so obsessed

O my beloved! find for me another place for rendezvous

In the royal parlour is for the commoner a clear message

That on the fair avenues, which bear the royal holy writ

That where the angels fear to tread, mere mortals have no passage

O my beloved! in the maze of royal byzentain enticement

O that you are amused and bemused by the royal entombment

you should have discerned the web of monumental deception

You should have remembered your elemental inception

Countless people in the world showed their measure of affection

Who can say that they were not true to their assertion

But they were without the means to blow their trumpet of devotion

They were destitute of means, but never without emotion

The edifices, the mausoleums, the ramparts so benign

مطلق الحکم شہنشاہوں کی عظمت کے ستوں
سینۂ دہر کے ناسور ہیں کہنہ ناسور
جذب ہے ان میں ترے مرے اجداد کا خوں

میری محبوب! انہیں بھی تو محبت ہوگی
جن کی صناعی نے بخشی ہے اسے شکلِ جمیل
ان کے پیاروں کے مقابر رہے بے نام و نمود
آج تک ان پہ جلائی نہ کسی نے قندیل
یہ چمن زار، یہ جمنا کا کنارا، یہ محل
یہ منقش در و دیوار، یہ محراب، یہ طاق
اک شہنشاہ نے دولت کا سہارا لے کر
ہم غریبوں کی محبت کا اڑایا ہے مذاق!

میری محبوب کہیں اور ملا کر مجھ سے

◎◎◎

These are the manifestations of aristocracy's grand design

On the face of earth are they unearthly ancient eyesore

They are built on toil and sweat of generations of yore

O my beloved ! They indeed must have loved to nurture

Who by their labours endowed such beauty to architecture

But their near and dear have no tombs or any sculpture

Not an earthen lamp is lit to shine on their sepulchre

This garden manicured on Jamuna, this palatial abode

This embellished dome and arch, beauty of line and mode

A potentate, with wealth of state has mocked we humble folk

Though over love for our own kindred is same as he bestowed

O my beloved ! Find for me another place for rendezvous !

◎◎◎

کبھی کبھی....

کبھی کبھی مرے دل میں خیال آتا ہے

کہ زندگی تری زلفوں کی نرم چھاؤں میں
گزرنے پاتی تو شاداب ہو بھی سکتی تھی
یہ تیرگی جو مری زیست کا مقدر ہے
تری نظر کی شعاعوں میں کھو بھی سکتی تھی

عجب نہ تھا کہ میں بیگانۂ الم ہو کر
ترے جمال کی رعنائیوں میں کھو رہتا
ترا گداز بدن، تیری نیم باز آنکھیں
انہی حسین فسانوں میں محو ہو رہتا

پکارتیں مجھے جب تلخیاں زمانے کی
ترے لبوں سے حلاوت کے گھونٹ پی لیتا
حیات چیختی پھرتی برہنہ سر اور میں
گھنیری زلفوں کے سایہ میں چھپ کے جی لیتا

SOME TIMES ....

Some times in my heart I wonder pensively

That my life with you could well have blossomed, bloomed
Under the cooling shades of your dark tresses
and the bleakness with which, I have now been doomed
Could well have been alleviated by your warm caresses

Would that I could lose by self, away from worldly woes
Lost in your world of beauty, beatific and beatified
In your warm embrace, in your lotus eyes of grace
As one hypnotic case, I would have been petrified

When the world's bitterness beckoned and agitated me
From your sweet lips I could drink deep
World could throw its challenge unabashed for me

مگر یہ ہو نہ سکا اور اب یہ عالم ہے
کہ تو نہیں، ترا غم تری جستجو بھی نہیں
گذر رہی ہے کچھ اس طرح زندگی جیسے
اسے کسی کے سہارے کی آرزو بھی نہیں

زمانے بھر کے دکھوں کو لگا چکا ہوں گلے
گذر رہا ہوں کچھ انجانی رہگزاروں سے
عجیب سائے مری سمت بڑھتے آتے ہیں
حیات و موت کے پر ہول خارزاروں سے

نہ کوئی جادہ نہ منزل نہ روشنی کا چراغ
بھٹک رہی ہے خلاؤں میں زندگی میری
انہی خلاؤں میں رہ جاؤں گا کبھی کھو کر
میں جانتا ہوں مری ہم نفس، مگر یونہی
کبھی کبھی مرے دل میں خیال آتا ہے

◎◎◎

Under your friendly tresses, a refuge I would keep

But this is not what was ordained, and now I am disdained

You are not around to be found, your sorrow to confound

The life is ticking by, though by itself deranged

No will to seek for help, or a support to surround

I perforce embraced the woes of world indeed

I am trekking tracks that are unbeknown

Dismal shadows, on their own, threateningly proceed

In my direction, to disown, from the twilight zone

There in hardly any track and vision is a blur

My life is ranging aimless, rudderless in the void

I shall soon be lost in space, no hope to bestir

O my beloved, resigned to a fate, I am unable to avoid

Some times in my heart I wonder pensively

◎◎◎

یہ کوچے....

یہ کوچے یہ نیلام گھر دلکشی کے
یہ لٹتے ہوئے کارواں زندگی کے
کہاں ہیں کہاں وہ محافظ خودی کے
ثنا خوانِ تقدیس مشرق کہاں میں

یہ پر پیچ گلیاں، یہ بے خواب بازار
یہ گمنام راہی یہ سکّوں کی جھنکار
یہ عصمت کے سودے یہ سودوں پہ تکرار
ثنا خوانِ تقدیسِ مشرق کہاں ہیں؟

تعفّن سے پر نیم، روشن یہ گلیاں
یہ مسلی ہوئی ادھ کھلی زرد کلیاں
یہ بکتی ہوئی کھوکھلی رنگ رلیاں
ثنا خوانِ تقدیسِ مشرق کہاں ہیں؟

BROTHELS

These alleys, these auction houses of pleasure
Plunder of life's caravan and treasure
Whither sentinels of honour and its measure
Where are the eulogists of eastern values of sanctity?

These windin these bustling arenas of loss of innocence glanes
These anonymous patrons, with surfeit of pound and pence
These bargains of virginity, haggling of cents and sense
Where are the eulogists of eastern values of sanctity?

These streets with bright lights, also reeking of stench
These rumpled, ruined buds, no flowering of youth of quench
These hollow nocturnal revelpies, in return for money of drench
Where are the eulogists of eastern values of sanctity?

یہ بھوکی نگاہیں حسینوں کی جانب
یہ بڑھتے ہوئے ہاتھ سینوں کی جانب
لپکتے ہوئے پاؤں زینوں کی جانب
ثنا خوانِ تقدیسِ مشرق کہاں ہیں؟

ذرا ملک کے رہبروں کو بلاؤ
یہ گلیاں، یہ کوچے، یہ منظر دکھاؤ
ثنا خوانِ تقدیسِ مشرق کو بلاؤ
ثنا خوانِ تقدیسِ مشرق کہاں ہیں؟

◎◎◎

These hungry leering looks, eyeing the beauty with zest
These aggresive hands, stretching to greet the breast
These eager shuffling feet, climbing the stairs abreast
Where are the eulogists of eastern values of sanctity?

You may just invite the country's leading lights
To show them these alleys, these lanes and streets for sights
Who eulogise the eastern values to their lofty heights
Where are the eulogists of eastern values of sanctity?

◎◎◎

یہ دنیا

یہ محلوں یہ تختوں، یہ تاجوں کی دنیا
یہ انساں کے دشمن سماجوں کی دنیا
یہ دولت کے بھوکے رواجوں کی دنیا
یہ دنیا اگر مل بھی جائے تو کیا ہے

ہر اک جسم گھائل، ہر اک روح پیاسی
نگاہوں میں الجھن، دلوں میں اداسی
یہ دنیا ہے یا عالمِ بدحواسی
یہ دنیا اگر مل بھی جائے تو کیا ہے

یہاں اک کھلونا ہے انساں کی ہستی
یہ بستی ہے مردہ پرستوں کی بستی
یہاں پر تو جیون سے ہے موت سستی
یہ دنیا اگر مل بھی جائے تو کیا ہے

جوانی بھٹکتی ہے بدکار بن کر
جواں جسم سجتے ہیں بازار بن کر
یہاں پیار ہوتا ہے بیوپار بن کر
یہ دنیا اگر مل بھی جائے تو کیا ہے

THIS WORLD

This world with palatial places, jewelled crowns and throne
This world with society's enemies, all goodness to disown
This world with antiquated customs, abundence of wealth to own
Is this world worth any thing, for anyone to own?

Every one is half dead, every soul in dread
Vision is in confusion, a loss of feeling kindred
Is it a living world, or is it a prison instead
Is this world worth any thing, for anyone to own?

Here, a life is no more precious than even a plaything
This habitat to people, who with shadows cling
Oh, death is cheaper here, than a mere shoestring
Is this world worth any thing, for anyone to own?

Youth is a captive pawn, up for evil sale
Youthful bodies are presented, caparisoned in dresses pale
Here is lust, rather than love, being allowed to prevail
Is this world worth any thing, for anyone to own?

یہ دنیا جہاں آدمی کچھ نہیں ہے
وفا کچھ نہیں دوستی کچھ نہیں ہے
جہاں پیار کی قدر ہی کچھ نہیں ہے
یہ دنیا اگر مل بھی جائے تو کیا ہے

جلادو اسے پھونک ڈالو یہ دنیا
مرے سامنے سے ہٹالو یہ دنیا
تمہاری ہے تم ہی سنبھالو یہ دنیا
یہ دنیا اگر مل بھی جائے تو کیا ہے

◎◎◎

This world where man is of hardly any consequence
Loyalty and fealty are of hardly any significance
Where love is not respected, is treated even with indifference
Is this world worth any thing, for anyone to own?

You put to torch this world, you blow to dust this world
Remove it from in front of me, oh you must, this world
This is just your world, you handle just, this world
Is this world worth any thing, for anyone to own?

◎◎◎

برسات کی رات

زندگی بھر نہیں بھولے گی وہ برسات کی رات
ایک انجان حسینہ سے ملاقات کی رات

ہائے وہ ریشمی آنچل سے برستا پانی
پھول سے گالوں پہ رکنے کو ترستا پانی

دل میں طوفان اٹھاتے ہوئے جذبات کی رات
زندگی بھر نہیں بھولے گی وہ برسات کی رات

ڈر کے بجلی سے اچانک وہ لپٹنا اُس کا
اور پھر شرم سے بل کھا کے سمٹنا اُس کا

کبھی دیکھی نہ سنی ایسی طلسمات کی رات
زندگی بھر نہیں بھولے گی وہ برسات کی رات

سُرخ آنچل کو دبا کر جو نچوڑا اُس نے
دل پہ جلتا ہوا اک تیر سا چھوڑا اُس نے

آگ پانی میں لگاتے ہوئے حالات کی رات
زندگی بھر نہیں بھولے گی وہ برسات کی رات

میرے نغموں میں جو بستی ہے وہ تصویر تھی وہ
نوجوانی کے حسیں خواب کی تعبیر تھی وہ

آسمانوں سے اتر آئی تھی جو رات کی رات
زندگی بھر نہیں بھولے گی وہ برسات کی رات

◎◎◎

RAINY NIGHT

How on earth can one forget that rainy season night
To meet a damsel unbeknown, that stranger than reason night

Ah! the rain pouring, dripping from the silken tassels
Droplets on the rost cheeks, just pausing in their hassels

Heart within tumultuos, on such at empestuous night
How through life can I forget that rainy season night

Frightened by lightning flash, she was suddenly clinging tight
And modestly then curled to withdraw, as well she might

Never could one conjure up in dream, such a voluptuous night
How through life can I forget that rainy season night

Pressing her hand, she wrung out dry her crimson raiment
She pierced my heart by a flaming dart of sheer enchantment

She set the aqua pure on fire, on a rumbustious night
How through life can I forget that rainy season night

The one who lives in my lyrics, she was the image persistent
In the pleasant dream of youth, she was that interpretation consistent

She literally had descended from heaven on a sensuous night
How through life can I forget that rainy season night

◎◎◎

وہ صبح....

وہ صبح کبھی تو آئے گی

ان کالی صدیوں کے سر سے جب رات کا آنچل ڈھلکے گا
جب دکھ کے بادل پگھلیں گے، جب سکھ کا ساغر چھلکے گا
جب امبر جھوم کے ناچے گا، جب دھرتی نغمے گائے گی
وہ صبح کبھی تو آئے گی

جس صبح کی خاطر جُگ جُگ سے ہم سب مر مر کے جیتے ہیں
جس صبح کے امرت کی دھن میں ہم زہر کے پیالے پیتے ہیں
ان بھوکی پیاسی روحوں پر اک دن تو کرم فرمائے گی
وہ صبح کبھی تو آئے گی

مانا کہ ابھی تیرے میرے ارمانوں کی قیمت کچھ بھی نہیں
مٹی کا بھی ہے کچھ مول، مگر انسانوں کی قیمت کچھ بھی نہیں
انسانوں کی عزت جب جھوٹے سکوں میں نہ تولی جائے گی
وہ صبح کبھی تو آئے گی

دولت کے لئے جب عورت کی عصمت کو نہ بیچا جائے گا
چاہت کو نہ کچلا جائے گا، عزت کو نہ بیچا جائے گا
اپنے کالے کرتوتوں پر جب یہ دنیا شرمائے گی
وہ صبح کبھی تو آئے گی

◎◎◎

THAT DAWN....

That dawn will usher in sublime, somehow, sometime

When after benighted centuries, realm of darkness will gounder
When cups of peace will be exulting, clouds of sorrow rent asunder
When heave, will whirl and twirl, the earth with mirth will chime
That dawn will usher in sublime, somehow, sometime

For the dawn that, for decades, we nurtured with our blood
For the dawn that we cherished, and willingly waded the flood
These impoverished souls will one day be rewarded betimes
That dawn will usher in sublime, somehow, sometime

Admitted, our aspirations are as yet not to be weighed in gold
Earthly elements have their hold, though earthlings are undersold
When dignity of human beings will not be treated as if a dime
That dawn will usher in sublime, somehow, sometime

When for money, the honour of women will not be put at stake
Love will not be meant for sale, respect no one will but for sale
When the world will be put to shame for its ugly crime
That dawn will usher in sublime, somehow, sometime

◎◎◎

کش مکش

تنگ آچکے ہیں کش مکشِ زندگی سے ہم
ٹھکرا نہ دیں جہاں کو کہیں بے دلی سے ہم

مایوسیِ مآلِ محبت نہ پوچھئے
اپنوں سے پیش آئے ہیں بیگانگی سے ہم

لو آج ہم نے توڑ دیا رشتہ امید
لو اب کبھی گلہ نہ کریں گے کسی سے ہم

ابھریں گے ایک بار ابھی دل کے ولولے
گو دب گئے ہیں بارِ غمِ زِندگی سے ہم

گر زِندگی میں مل گئے پھر اتفاق سے
پوچھیں گے اپنا حال تری بے بسی سے ہم

اللہ رے فریبِ مشیئت کہ آج تک
دنیا کے ظلم سہتے رہے خامشی سے ہم

ہم غمزدہ ہیں لائیں کہاں سے خوشی کے گیت
دیں گے وہی جو پائیں گے اس زندگی سے ہم

◎◎◎

STRUGGLE....

We have become tired of life, its strife we have tried
In our disheartened state, we may cast the world aside

Life's travail to no avail, we are so dejected in love
We are treating our confidants with unconcern undisguised

Ah! Today we have severed any connection with hope
We shall now refrain to complain to no one specified

The heart will once again become ebullient and effervescent
Though at present evanescent, it is with woes so tied

If perchance in lifetime, we meet with you again
We shall enquire our own condition, however you are petrified

O God! in deference to our faith in fate ordained
We have borne world's excesses, in a manner dignified

We are in distraught condition, no happy verses for rendition
We shall be handing without addition, what this life will provide

◎◎◎

آؤ کوئی خواب بنیں

آؤ کوئی خواب بُنیں کل کے واسطے
ورنہ یہ رات آج کے سنگین دور کی
ڈس لے گی جان و دل کو ایسے کہ جان و دل
تا عمر پھر نہ کوئی حسیں خواب بن سکیں

گو ہم سے بھاگتی رہی یہ تیز گام عمر
خوابوں کے آسرے پر کٹی ہے تمام عمر

زلفوں کے خواب، ہونٹوں کے خواب اور بدن کے خواب
معراجِ فن کے خواب، کمالِ سخن کے خواب
تہذیبِ زندگی کے، فروغِ وطن کے خواب
زنداں کے خواب، کوچۂ دارو رسن کے خواب

یہ خواب ہی تو اپنی جوانی کے پاس تھے
یہ خواب ہی تو اپنے عمل کی اساس تھے
یہ خواب مر گئے تو بے رنگ ہے حیات
یوں ہے کہ جیسے دست تہِ سنگ ہے حیات

◎◎◎

LET'S WEAVE SOME DREAMS

Come, let's weave some dreams for the coming day
Else this night, of the present sordid state
will sting the heart and soul into utter dismay
So they are down and out for any dream to date

Though this fleeting steed of life was in full speed
We spent our days dreaming, to spur and intercede

Dreaming of tresses, dreaming of kisses and caresses
Dreaming perfection of art, dreaming poetic processes
Dreaming civility of life, how the country progresses
Dreaming acts of sacrifice, defiance of excesses

These were the dreams, upon their stuff our youth relied
These were the dreams that our actions emphasised
If these dreams had died, the fountain of life is dried
The life is rendered colourless, less than dignified

◎◎◎

میرے گیت تمہارے ہیں

اب تک میرے گیتوں میں امید بھی تھی پسپائی بھی
موت کے قدموں کی آہٹ بھی، جیون کی انگڑائی بھی
مستقبل کی کرنیں بھی تھیں، حال کی بوجھل ظلمت بھی
طوفانوں کا شور بھی تھا اور خوابوں کی شہنائی بھی

آج سے میں اپنے گیتوں میں آتش پارے بھر دوں گا
مدھم لچکیلی تانوں میں جیوٹ دھارے بھر دوں گا
جیون کے اندھیارے پتھ پر مشعل لے کر نکلوں گا
دھرتی کے پھیلے آنچل میں سرخ ستارے بھر دوں گا

آج سے اے مزدور کسانو! میرے گیت تمہارے ہیں
فاقہ کش انسانو! میرے جوگ بہاگ تمہارے ہیں
جب تک تم بھوکے ننگے ہو، یہ شعلے خاموش نہ ہونگے
جب تک بے آرام ہو تم، یہ نغمے راحت کوش نہ ہونگے

مجھ کو اس کا رنج نہیں ہے لوگ مجھے فنکار نہ مانیں
فکر و سخن کے تاجر میرے شعروں کو اشعار نہ مانیں
میرا فن، میری امیدیں آج سے تم کو ارپن ہیں
آج سے میرے گیت تمہارے دُکھ اور سُکھ کا درپن ہیں

◎◎◎

MY SONGS ARE FOR YOU

Till now, my songs reflected hope as well as defeat
Also death to quietly cheat, also life vibrant discrete
Also the future's projection, also the present incomplete
Also the din and noise of action, and also blissful retreat

From today my songs shall be all afire
In my tuneful lyrics will be fearlessness to conspire
On the darkened path of life, with light I shall inspire
I shall spread the fiery message on God's earth entire

From today O workers and peasants! are my songs for you
O you starving masses! are my right and wrongs for you
As long as you are starving and naked, these flames will not be extinguished
As long as you are restless, will these lyrics be less than distinguished

I am not a bit concerned if they abuse my verse
These purveyors of criticism degrade my art as worse
My art, my hope are today dedicated for you
From today are my songs predicated for you

◎◎◎

جاگا ہوا ضمیر وہ آئینہ ہے قتیلؔ
سونے سے پہلے روز جسے دیکھتا ہوں میں

قتیلؔ شفائی

My well awake conscience acts like a mirror
O 'Qateel', I view it daily and feel exonarated.

'QATEEL' SHIFAI

QATEEL SHIFAI

1909-2007

Aurangzeb Khan Qateel was a prominent poet of Pakistan, who believed in progressive idealism, and was mostly a ghazal writer. Some of his poetic works were included in Indian films, which depict his selfness, grace, miseries, social dejections and depriveness.

قتیل شفائی

اورنگ زیب خاں قتیل شفائی کا شمار ترقی پسند شعرا میں ہوتا ہے لیکن بنیادی طور پر وہ غزل کے شاعر ہیں اور وہ بھی روائتی غزل کے، اسی لیے ترقی پسند کا انقلابی آہنگ ان کی غزلوں میں نہیں ہے۔ ان کی غزلوں میں، کرب، نفرت، احساس محرومی، شکستگی اور تلخی نہیں ہے بلکہ نرمی، لطافت، خوش طبعی اور جذب ومحبت کے احساسات تغزل کے پختہ عناصر میں ابھرتے ہیں۔

اُن گیسوؤں کی چھاؤں....

اُن گیسوؤں کی چھاؤں میں دم لینا چاہیے
تپتی رُتوں میں لطفِ اِرم لینا چاہیے

پھیلا ہے اِتنا حسن کہ اس کائنات میں
انساں کو بار بار جنم لینا چاہیے

میں ہوں خدا پرست مگر کہہ رہا ہے دل
اِک بوسۂ جبینِ صنم لینا چاہیے

دیتے ہیں پھل بدی کا جہاں نفرتوں کے پیڑ
نام اس دیار کا ہمیں کم لینا چاہیے

چاہے وہ کوئی ہو، مرا فتویٰ ہے یہ قتیلؔ
ظالم سے انتقامِ ستم لینا چاہیے

◎◎◎

IN THE SHADOW.....

In the shadow of these tresses, we may take rest
In the blazing season, to savour beloved's fest

So much beauty is extant in the universe
We may be born and reborn in the beauty's quest

I idealise divinity, but heart wishes ever more
To idolise diety, my respect to attest

Where saplings of animosity spawn fruit of enmity
That habitat we may shun and treat as a pest

Not to let off the hook, even brought to book
Every tyrant, O "Qateel", to avenge and protest

◎◎◎

صدمہ تو ہے مجھے....

صدمہ تو ہے مجھے بھی کہ تجھ سے جُدا ہوں میں
لیکن یہ سوچتا ہوں کہ اب تیرا کیا ہوں میں

میں خودکشی کے جرم کا کرتا ہوں اعتراف
اپنے بدن کی قبر میں کب سے گڑا ہوں میں

کس کس کا نام لاؤں زباں پر کہ تیرے ساتھ
ہر روز ایک شخص نیا دیکھتا ہوں میں

کیا جانے کس ادا سے لیا تو نے میرا نام
دنیا سمجھ رہی ہے کہ سب کچھ ترا ہوں میں

جاگا ہوا ضمیر وہ آئینہ ہے قتیلؔ
سونے سے پہلے روز جسے دیکھتا ہوں میں

◎◎◎

I AM ALSO SHOCKED....

I am also shocked that from you I am separated
But still I keep wondering how we are related

I confess to the crime of committing suicide
With in my body's grave I am incarcerated

Who all I may mention along with your name
I see a person new with you, daily integrated

With such endearing style you have mentioned myname
In the eyes of the world, I am fully elevated

My well awake conscience acts like a mirror
O "Qateel", I view it daily and feel exonerated

◎◎◎

میں سمندر بھی ہوں....

میں سمندر بھی ہوں موتی بھی ہوں، غوطہ زن بھی
کوئی بھی نام مرا لے کے بُلا لے مجھ کو

تو نے دیکھا نہیں آئینے سے آگے کچھ بھی
خود پرستی میں کہیں تو نہ گنوا لے مجھ کو

کل کی بات اور ہے، میں اَب سا رہوں یا نہ رہوں
جتنا جی چاہے ترا، آج ستا لے مجھ کو

خود کو میں بانٹ نہ ڈالوں کہیں دامن دامن
کر دیا تو نے اگر میرے حوالے مجھ کو

بادہ پھر بادہ ہے، میں زہر بھی پی جاؤں قتیلؔ
شرط یہ ہے، کوئی باہوں میں سنبھالے مجھ کو

◎◎◎

I AM ALSO AN OCEAN.....

I am also an ocean, also pearl, also pearl diver
Let any one beckon me, with any name

You didn't see anything beyond the mirror's surface
In your self esteem you may lose your fame

You may torment as much as you like today
Tomorrow is another day, I may not be the same

I may pull myself apart thread by thread
If upon my body and soul I lay any claim

Wine is wine, I may partake even poisonous portion
If only beloved will own me and acclaim

◎◎◎

کوئی مقامِ سکوں....

کوئی مقامِ سکوں راستے میں آیا نہیں
ہزاروں پیڑ ہیں لیکن کہیں بھی سایا نہیں

بھٹک رہے ہیں ابھی تک مسافرانِ وصال
ترے جمال نے کوئی دِیا جلایا نہیں

بکھر گیا ہے خلا میں کرن کرن ہو کر
وہ چاند جو کسی پہلو میں جگمگایا نہیں

اُجڑ گیا تھا کسی زلزلے میں شہرِ وفا
نجانے پھر اُسے ہم نے بھی کیوں بَسایا نہیں

قتیلؔ کیسے کٹے گی یہ دوپہر غم کی
مرے نصیب میں ان گیسوؤں کا سایا نہیں

◎◎◎

ON OUR WAY.....

On our way, no resting places come our way
In spite of thousand trees, the sun was in sway

Those seeking, fulfilment are groping in the dark
Your incandescence could not dispel shades of gray

The moon that did not reflect resplendence all arond
Will be scattered bit by bit and will decay

The citadel of fealty collapsed in a quake
To populate anew, why this delay

How, O "Qateel", I may survive this seperation
As I am so fated to suffer this dismay

◎◎◎

آغمِ جاناں....

آغمِ جاناں بہت دِل گیر ہوں میں
اِک ادھورے خواب کی تعبیر ہوں میں

کل تلک پورے تھے خد و خال میرے
آج بے چہرہ سی اِک تصویر ہوں میں

اَب تو حق موجوں کو ہے مجھ کو مٹادیں
ریت پر لکھی ہوئی تحریر ہوں میں

ہاتھ مِیرا تھام لے اے کاش کوئی
راستہ بھُولا ہوا رہگیر ہوں میں

کس طرح اٹھوں قتیلؔ اس دَر سے آخر
آپ اپنے پاؤں کی زنجیر ہوں میں

◎◎◎

COME O WORLDLY......

Come O worldly woes, I am in a torment
I am half dreaming, my eyes are dormant

I had, till yesterday, full blown features
Today I am faceless, my picture in a ferment

Woes now have every right to obliterate me
I am a line drawn on sand, to under current subservient

How I wish simeone could just hold my hand
I am a way farer, not the way I had meant

How can I, O "Qateel", leave beloved's door
With fetters in my feet, I am quite content

◎◎◎

وفا کے شیش محل....

وفا کے شیش محل میں سجالیا میں نے
وہ ایک دل جسے پتّھر بنا لیا میں نے

یہ سوچ کر کہ نہ ہو تاک میں خوشی کوئی
غموں کی اوٹ میں چھپا لیا میں نے

کبھی نہ ختم کیا میں نے روشنی کا محاذ
اگر چراغ بجھا، دل جلا لیا میں نے

کمال یہ ہے کہ دشمن پہ جو چلانا تھا
وہ تیر اپنے کلیجے پہ کھا لیا میں نے

قتیلؔ جس کی عداوت میں ایک پیار بھی تھا
اُس آدمی کو گلے سے لگا لیا میں نے

◎◎◎

ON A HIGH PEDESTAL....

On a high pedestal I placed my fidelity
I made a heart an icon with all sincerity

My joys not to be overtaken by my sorrows
Overwrought I thought, I should conceal my identity

I never accepted defeat at the hands of the darkness
If candle was extinguished, lit my heart with alacrity

The dart which was meant to target the rival
I accepted the same dart with utmost vulnerability

A person who showed amity along with animosity
I embraced the same person, O "Qateel", with reciprocity

◎◎◎

بظاہر بزمِ آرائی....

بظاہر بزم آرائی بہت ہے
بھرے شہروں میں تنہائی بہت ہے

نہایت خوبصورت ہے یہ دُنیا
مگر ہنگامہ آرائی بہت ہے

پرانے جوہڑوں کا ہے یہ عالم
کہ پانی کم ہے اور کائی بہت ہے

محبت کی کہانی منفرد تھی
مگر دنیا نے دہرائی بہت ہے

قتیلؔ اب کچھ دنوں سے قاتلوں میں
ہماری بھی پذیرائی بہت ہے

◎◎◎

APPARENTLY ENCLAVES.....

Apparently enclaves are populated
Crowded habitats, however, are isolated

The world, no doubt, is well embellished
With animosity, however, it is animated

Old water holes are in a sorry state
Sit abounds, water has evaporated

Unique as the tale of love was
But it has been overstated

Lately, O "Qateel", among the detractors
Happily, we are not berated

◎◎◎

دل والوں کی بات....

دل والوں کی بات چلی ہے افسانہ در افسانہ
میرے ساتھ کے جاگنے والو، تم نہ کہیں اب سو جانہ

پیار تو کرتی ہے سب دُنیا بات فقط ایثار کی ہے
محفل کو اس سے کیا مطلب شمع جلے یا پروانہ

میری خوشیاں بھی اَن دیکھی میرے غم بھی اَن دیکھے
جنگل کے پھولوں کا یارو کیا کِھلنا، کیا مرجھانا

پھولوں کی مانند کِھلے تھے ماضی میں دو پیار مرے
آج تلک منسوب ہے مجھ سے اک بانو اک سُلطان

کیوں غیروں سے پوچھ رہے ہو پتہ قتیلؔ شفائی کا
ایسا بھی گمنام نہیں ہے وہ شاعر، وہ دیوانہ

◎◎◎

PEOPLE OF HEART.....

People of heart now the subject of discussion
Of people awake with me, don't goto sleep in depression

Though the whole world is in love, it is self denial that matters
For enclave it hardly matters, if candle or moth is in extinction

My happiness is unknown, my woes are unnoticed
It matters not if wild flowers wither in desolation

Like flowers, my love in the past has blossomed twice
Though anonymous till today, I am linked in succession

Why ask alien folk about "Qateel" Shifai
He is not so unknown, with his poetic obsession

◎◎◎

زندگی کے غم لاکھوں....

زندگی کے غم لاکھوں اور چشمِ نم تنہا
حسرتوں کی میّت پر رو رہے ہیں ہم تنہا

مل سکا نہ کوئی بھی ہم سفر زمانے میں
کاٹتے رہے برسوں جادۂ الم تنہا

کھیل تو نہیں یارو راستے کی تنہائی
کوئی ہم کو دکھلائے چل کے دو قدم تنہا

دِل کو چھیڑتی ہوگی یادِ رفتگاں اکثر
لاکھ جی کو بہلائیں شیخِ محترم تنہا

تھی قتیلؔ چاہت میں ان کی بھی رضا شامل
پھر بھی ہم ہی ٹھہرے ہیں موردِ ستم تنہا

◎◎◎

MILLION WOES OF LIFE.....

Milion woes fo life and weeping eye alone
On the demise of longings, we are weeping on our own

We could not find in the world any one's company
We trekked the path of woes all along all alone

To go on our way it is not child's play
Let any one show us a step or two alone

Nostalgia of the youth must be tormenting
Preacher may try to muse or to atone

O "Qateel" beloved was equally to blame
Even then we have to stand to suffer all alone

◎◎◎

شبِ وصال کچھ ایسا....

شبِ وصال کچھ ایسا نکھر رہا تھا کوئی
خود اپنے حُسن کو حیران کر رہا تھا کوئی

وہ مجھ سے دُور تھا، میں پھر بھی لڑکھڑا سا گیا
خمار بن کے بدن میں اُتر رہا تھا کوئی

وہ جلد کیسے پہنچتا لبوں کے ساحل پر
سمندر کی تہوں سے اُبھر رہا تھا کوئی

ضرور نصب وہاں کوئی آئینہ ہوگا
نظر جھکائے جہاں سے گزر رہا تھا کوئی

قتیلؔ مجھ کو بُرا اُس نے کہہ دیا بھی تو کیا؟
یہی بہت ہے مجھے یاد کر رہا تھا کوئی

◎◎◎

ONE THE NIGHT.....

On the night of union, beloved was resplendent
Beauty, even though, wonder struck was itself ascendent

Though from beloved not so near, I was struck with fear
I was feeling drowsy, ever so dependent

How could I dare to reach beloved's lips there
Fathoms deep though, I was feeling buoyant

There must be a mirror somewhere in the vicinity
Not without indignity, rival was ambivalent

O "Qateel", no ill feeling if beloved was unfeeling
To be remembered with some feeling, I was triumphant

◎◎◎

سفید چھڑیاں

جنم کا اندھا

جو سوچ اور سچ کے راستوں پر
کبھی کبھی کوئی خواب دیکھے
تو خواب میں بھی عذاب دیکھے

یہ شاہراہِ حیات جس پر
ہزار ہا قافلے رواں ہیں
سبھی کی آنکھیں
ہر ایک کا دِل
سبھی کے رستے
سبھی کی منزل
اسی ہجومِ کشاں کشاں میں
تمام چہروں کی داستاں میں
طرب کے لمحے
دکھوں کی گھڑیاں
مرا قبیلہ سفید چھڑیاں

◎◎◎

WHITE CANES

One born blind
Cannot dream of happiness
Even if he walks
On the path of truth and thought.

On this highway of life
Thousands of caravans passing.
Eyes see their way,
Hearts their destination.
Here the busy crowds,
Carrying their stories
Of pleasure and pain.

But, my tribe is white canes.

◎◎◎

پاس کیا تھا؟

پاس کیا تھا کہ لُوٹتی دُنیا؟
ہم تو کل بھی تھے بے سر و ساماں

آج دِیوار کھچ گئی ہے اگر
شہر کل بھی تھا صُورتِ زنداں

کب میسّر ہُوا تھا روزِ وصال؟
کب مقدّر نہ تھی شبِ ہجراں؟

اِک متاعِ سُخن تھی پاس اپنے
ایک سازِ وفا تھا دولتِ جاں

اب بھی خوش بخت ہیں ترے وحشی
اب بھی خوش وقت ہیں ترے ناداں

درد قائم ہے یاد باقی ہے
اِک تری دید چھِن گئی جاناں

◎◎◎

WHAT DID I HAVE ?

What did I have the world could rob?
I was always destitute.

Today, though I am a captive,
The city was not less than a prison yesterday.

What day was not the day of worrow?
What night was not the night of separation ?

My poems were my only riches
My lyre of loyalty was my only possession.

Still I don't consider myself Ill-fated,
Still I feel the times are not too unkind.

Pain is intact, memories remain,
Only you have been distanced from me, my love.

◎◎◎

میں اور تُو

روز جب دھوپ پہاڑوں سے اُترنے لگتی
کوئی گھٹتا ہوا بڑھتا ہوا بیکل سایا
ایک دیوار سے کہتا کہ مرے ساتھ چلو

اور زنجیرِ رفاقت سے گریزاں دیوار
اپنے پندار کے نشے میں سدا اِستادہ
خواہشِ ہمدمِ دیرینہ پہ ہنس دیتی تھی

اوراب سنگ وگل وخشت کے ملبے کے تلے
اُسی دیوار کا پندار ہے ریزہ ریزہ
دھوپ نکلی ہے مگر جانے کہاں ہے سایہ

◎◎◎

YOU AND I

Every day when the sun descends from the mountain
A long, falling, restive shadow
Says to the wall, "Come with me"

And the wall, pompous and proud,
Evasive of the ties of companionship,
Would only smile at its old mate's desire.

And now under the debris of stones, sand and dust
The pride of that wall lies shattered.
The sun shines, but who knows where the shadow is?

◎◎◎

آئینہ

تم سے بچھڑا ہوں تو آج آیا مجھے اپنا خیال
ایک قطرہ بھی نہیں باقی کہ ہوں پلکیں تو نم
میری آنکھوں کے سمندر کون صحرا پی گئے
ایک آنسو کو ترستی ہے میری تقریبِ غم

میں نہ رو پایا تو سوچا مسکرا کر دیکھ لوں
شاید اس بے جان پیکر میں کوئی زندہ ہو خواب
پر لبو کے تن برہنہ شاخچوں پر اب کہاں
مسکراہٹ کے شگوفے، خندۂ دل کے گلاب

کتنا ویراں ہو چکا ہے میری ہستی کا جمال
تجھ سے بچھڑا ہوں تو آج آیا مجھے خیال

◎◎◎

MIRROR

After we parted and you were gone
I became conscious of myself.
Tears were dried,
Not even a drop was left to moisten the eyelids.
What is that parched desert
Which drank the ocean of my eyes?
That even this moment of grief
Thirsts for a drop of tear!

I think I should try smiling
Since I can't cry.
Perhaps this lifeless body may still hold a dream!
But oh lip's naked branches
Where could you find
Blossoms of smiles,
Roses of happy hearts.

Life's effervescence has turned into desolation
Now that you are gone.

◎◎◎

کوئی بھٹکتا بادل

دور ایک شہر سے جب کوئی بھٹکتا بادل
میری جلتی ہوئی بستی کی طرف آئے گا

کتنی حسرت سے اسے دیکھیں گی پیاسی آنکھیں
اور وہ وقت کی مانند گزر جائے گا

جانے کس سوچ میں کھو جائے گی دل کی دنیا
جانے کیا کیا مجھے بیتا ہوا یاد آئے گا

اور اس شہر کا بے فیض بھٹکتا بادل
درد کی آگ کو پھیلا کے چلا جائے گا

◎◎◎

ASTRAY CLOUD

When any astray cloud from a remote city
Would pass over my burning town

Thirsty eyes would look at it with a longing
But, as time flies, it would also pass by

The heart will be lost in unknown thoughts
God knows what memories will come to mind

But the unkind cloud of this city
Would fly away spreading the fire of pain

◎◎◎

حرف اور حکم

شاعر دیوانہ البیلا
بے در بے دربار اکیلا
حرف گری مذہب اس کا ہے
دنیا کا دکھ سب اس کا ہے
سچ کہتا ہے دکھ سہتا ہے
دکھ سہتا ہے سچ کہتا ہے

آمر کے لاکھوں درباری
اس سے خائف خلقت ساری
طبل و علم شمشیر اسی کی
خواب اس کے تعبیر اس کی
پھر بھی شاعر سے ڈرتا ہے
سچے حرفوں سے مرتا ہے

◎◎◎

POET AND TYRANT

Frenzed and carefree is the poet
Destitute, homeless, lonely
He takes on the sorrows of the world
And gives the people the song
He says the truth and suffers
He suffers and says the truth

The tyrant has many toadies
The people quake with terror
He rules with bugle, banner and bayonet,
His selfish dreams are other's nightmares

Yet he fears the truth!

◎◎◎

پچھلا پہر

نہ کہیں شہر مہرباں کی ہوا　　نہ کوئی یارِ ہمدم و دم ساز
نہ سرِ بام زلفیں آوارہ　　نہ سرِ راہ چشم فتنہ طراز
نہ کہیں کوئی چاک داماں　　نہ کہیں رُوئے دوستانہ فراز
نہ کوئی بیتِ بے دل و غالب　　نہ کوئی شعرِ حافظِ شیراز
نہ کوئی شمع کشتۂ شب ہے　　نہ کوئی عندلیبِ سینۂ گداز

خلوتِ غم نہ بزمِ رسوائی　　نہ سوالِ طلب نہ عرضِ نیاز
چارسُو اک فصیلِ بے در ہے　　چار جانب حصارِ بے انداز
نیند کے طائرانِ بے پروا　　شاخِ مژگاں سے کر گئے پرواز
ایسی ویرانیوں سے گھبرا کر　　جب اُٹھاتا ہوں تیری یاد کا ساز
توڑ دیتی ہے سلسلے سارے　　پہرے داروں کی بدنما آواز

◎◎◎

LAST HOURS OF THE NIGHT

No where
Is the breeze of that kind city
Nor any comrade, confidante,

Neither is my beloved on the terrace with her lovely locks,
Nor is she on the roadside with her beautiful eyes
I am away from lovers lane
I am away from the faces of friends

Neither any couplet of Bedil or Ghalib
Nor any words of Hafiz-e-Shiraz
Echo in my mind
No where are night-consumed candles
No any heart piercing songs of nightingales

Deprived of loneliness, Divested of company
With no submissions, no requests

Surrounded by a gateless wall
Encircled by fortifications,

The carefree birds of sleep
Have flown from the nest of my eyes

Dejected in desolation
When I pick up the lyre of your memories

The whole chain of thoughts is broken
By the ugly shouts of prison guards.

◎◎◎

اور ترے شہر سے

اور ترے شہر سے جب رختِ سفر باندھ لیا
در و دیوار پہ حسرت کی نظر کیا کرتے
چاند کجلائی ہوئی شام کی دہلیز پہ تھا
اُس گھڑی بھی ترے مجبورِ سفر کیا کرتے
دل ٹھہر جانے کو کہتا تھا مگر کیا کرتے

ہم نے جب وادیِ غربت میں قدم رکھا تھا
جس طرح یادِ وطن آئی تھی سمجھانے کو
کچھ اس طرح کی کیفیتِ جاں آج بھی ہے
جس طرح کوئی قیامت ہو گزر جانے کو
جس طرح کوئی کہے پھر سے پلٹ جانے کو

◎◎◎

FROM YOUR CITY....

Since I was set to depart from your city
Why then cast a dejected glance at its walls?
The moon was at the threshold of the darkened evening
Even in that situation, the poor traveller had no choice.
The heart wanted to stay, but how could I?

When I first stepped into the unknown valleys
The way memories from homeland implored me to return,
The very same feeling overcomes me today;
As if I would go through the same agonies and pains,
As if someone would call me again, "Come back".

◎◎◎

واپسی

اُس نے کہا
سُن
عہد نبھانے کی خاطر مَت آنا
عہد نبھانے والے اکثر
مجبوری یا مہجوری کی تھکن سے لوٹا کرتے ہیں

تم جاؤ
اور دریا دریا پیاس بُجھاؤ
جن آنکھوں میں ڈوبو
جس دل میں بھی اُترو
میری جلن آواز نہ دے گی
لیکن جب میری چاہت
اور میری خواہش کی لَو
اتنی تیز اور اتنی اُونچی ہو جائے
جب دل رو دے
تب لوٹ آنا

◎◎◎

RETURN

"Listen"

She said,

"Don't come back merely to keep the world.

Such people often return

As they become tired of

Being helpless

And lonely in separation

You go ahead,

Quench your thirst at every river.

No matter what eyes you allure,

What heart you entice,

My anguish would not protest.

But,

When the flame

Of your yearnings for me

Flares up and intensifies,

And your heart cries out

Then

You should come back."

◎◎◎

خواب مَرتے نہیں

خوابِ مَرتے نہیں
خواب دل ہیں نہ آنکھیں نہ سانسیں کہ جو
ریزہ ریزہ ہوئے تو بکھر جائیں گے
جسم کی موت سے یہ بھی مر جائیں گے
خواب مَرتے نہیں

خواب تو روشنی ہیں نوا ہیں ہوا ہیں
جو کالے پہاڑوں سے رُکتے نہیں
ظلم کے دوزخوں سے بھی پھُنکتے نہیں
روشنی اور نَوا اور ہوا کے علَم
مقتلوں میں پہنچ کر بھی جھُکتے نہیں

خواب تو حرف ہیں
خواب تو نُور ہیں
خواب سقراط ہیں
خواب منصور ہیں

◎◎◎

DREAMS DO NOT DIE

Dreams do not die
Dreams, unlike hearts,
Do not vanish or scatter
Or wither away with death.

Dreams,
They are light,
Melody and breeze.
They cannot be stopped by hideous mountains,
Cannot burn in the hell fire of persecution.
These flags of light, sound and breeze
Will not bow, even in execution's square.

Dreams are words
Dreams are light
Dreams are Socrates
Dreams are Mansoors.

◎◎◎

بیسویں صدی کے مقبول ترین شاعر

ساحر لدھیانوی

کا مجموعہ کلام

('پرچھائیاں' کے ساتھ)

Price : Rs. 195/-

اُردو- ہندی میں ایک ساتھ

مقبول شعرا کا کلام

اکبرالہٰ آبادی کی شاعری	مرتب امر دہلوی	65/- روپے
داغ کی شاعری	مرتب امر دہلوی	65/- روپے
غالب کی شاعری	مرتب امر دہلوی	65/- روپے
افتخار کی شاعری	مرتب امر دہلوی	65/- روپے
اقبال کی شاعری	مرتب امر دہلوی	65/- روپے
مجاز کی شاعری	مرتب امر دہلوی	65/- روپے
میر کی شاعری	مرتب امر دہلوی	65/- روپے
ساحر کی شاعری	مرتب امر دہلوی	65/- روپے
شکیل کی شاعری	مرتب امر دہلوی	65/- روپے
حفیظ کی شاعری	مرتب امر دہلوی	65/- روپے